O PODER DO DIÁLOGO

ALKÍNDAR DE OLIVEIRA

O poder do DIÁLOGO

COMO SE TORNAR UM GRANDE LÍDER

Academia de Inteligência

Preparação: Gisélia Costa
Revisão: Fátima Couto
Capa: SGuerra Design

Dados Internacionais de Catalogação na Publicação (CIP)
(Câmara Brasileira do Livro, SP, Brasil)

Oliveira, Alkíndar de
O poder do diálogo : Como se tornar um grande líder / Alkíndar de Oliveira. – São Paulo : Editora Academia de Inteligência, 2011.

ISBN 978-85-8036-003-5

1. Administração de empresas 2. Ambiente de trabalho 3. Comunicação nas organizações 4. Comunicação verbal 5. Convivência 6. Cultura organizacional 7. Diálogo 8. Liderança 9. Relações interpessoais 10. Trabalho em grupo I. Título.

11-00280 CDD-658.45

Índices para catálogo sistemático:

1. Comunicação empresarial interna : Organizações : Administração 658.45

2011

EDITORA ACADEMIA DE INTELIGÊNCIA
Avenida Francisco Matarazzo, 1500 – 3º andar – conj. 32B
Edifício New York – 05001-100 – São Paulo-SP
www.editoraplaneta.com.br
vendas.academia@editoraplaneta.com.br

Dedicatória

Dedico este livro ao filósofo e físico quântico David Bohm, precursor do diálogo sustentado em teses espiritualistas, na física quântica e na psicologia social, e às suas seguidoras, Linda Ellinor e Glenna Gerard, cofundadoras do Dialogue Group (EUA), que de forma pioneira sistematizaram o tema do diálogo. Dedico-o também a Peter Senge, que, com seu clássico livro *A quinta disciplina*, abriu os olhos do mundo corporativo para a importância vital da difusão e da vivência do pensamento sistêmico, sustentado no diálogo conosco mesmos e com o próximo, nos campos interpessoal e interdepartamental. Dedico-o também ao insigne Daniel Goleman, que, com mestria, trouxe para o mundo corporativo os conceitos sustentáveis de Inteligência Emocional e Social. Dedico-o ainda aos mestres Paulo Gaudêncio, José Pacheco, Augusto Cury, Rubem Alves, Dora Incontri, Joanna de Angelis, Emmanuel, Eurípedes Barsanulfo, Bezerra de Menezes, Hammed e Ermance Dufaux. Acrescento a esta dedicatória duas pessoas muito amadas, que comigo dividem e – principalmente – acrescentam alegria e prazer a este labor que abraçamos juntos, que é a consultoria e o treinamento na área corporativa: minhas filhas Regina Truffa, psicoterapeuta, e Renata Truffa, psicopedagoga.

Sumário

Introdução

A força e a importância do tema do diálogo me são pertinentes desde o início da década de 1980. Tudo começou em 1983, quando me mudei da capital paulistana para Maringá, no Paraná, com o objetivo de abrir, juntamente com um casal de amigos, uma instituição educacional chamada Colégio Platão. O nome da escola indicava o propósito: formar alunos pensantes.

Em nosso procedimento educacional, dávamos voz aos alunos, estimulávamos o diálogo. Ministrávamos filosofia para crianças sob as árvores, transformávamos alunos vistos como rebeldes e indisciplinados, que nenhuma escola mais aceitava, em jovens pensantes, educados e participativos.

Procurávamos inovar sempre. Numa época em que os computadores não eram populares como hoje, montamos um dos primeiros laboratórios de informática do país. Por meio do jogo de xadrez, estimulávamos o desenvolvimento mental dos nossos alunos, pois os estudiosos do mecanismo cerebral sabem que a prática do xadrez aprimora no indivíduo uma visão sistêmica. Esta, diferentemente da visão linear, capacita-nos a enxergar o todo, o que, por sua vez, nos torna positivamente mais críticos e com uma visão ampliada – duas características da personalidade humana que expandem e valorizam o diálogo e o consenso como os melhores instrumentos da convivência e da aprendizagem.

O Colégio Platão alcançou notoriedade pela sua qualidade e ineditismo educacional, de forma que atravessou o limite do Estado e mereceu reportagem da mais importante publicação brasileira na área educacional da época, a revista *Nova Escola*.[1] Mais tarde, o colégio avançou a fronteira do país ao receber um grupo de educadores do Chile interessados em conhecer nossa metodologia.

Infelizmente, um dos planos econômicos elaborados pelo governo federal – conhecido como Plano Sarney – inviabilizou o colégio. O governo obrigou que as mensalidades fossem congeladas. Assim o fizemos, mas isso aconteceu numa fase em que os professores haviam obtido aumento salarial, e passou a ocorrer um descompasso entre entrada e saída financeira. O prejuízo foi contínuo, e tivemos que, tristemente, vender o colégio. No entanto, a experiência de anos muito nos enriqueceu. Em minha mente ficou registrada a importância do diálogo no campo educacional e no do relacionamento interpessoal. Esta foi a herança mais significativa que recebi daquele querido colégio.

Apesar do profundo golpe, retornei a São Paulo disposto a continuar atuando na educação. Preparei-me para ministrar cursos de Comunicação Verbal, mais conhecidos como oratória. Nesses cursos, que até hoje fazem parte do nosso portfólio, e tendo principalmente executivos como alunos, passei a conhecer mais profundamente a realidade das empresas brasileiras, a ausência da visão sistêmica, do diálogo e de uma comunicação interna eficaz. Consciente dessa realidade, criei uma consultoria para trabalhar tais deficiências, o que passou a ser um dos carros-chefes de nossa empresa.

Não fosse o meu trabalho na área educacional com o Colégio Platão, em que descobri que, mais do que consultor, eu deveria ser um educador multiplicador do exercício do diálogo, este livro não teria acontecido. Livro que se tornou o presente que a vida me deu para que eu pudesse, com muita alegria, dividir meus conhecimentos com líderes e profissionais em geral.

Este é o primeiro livro editado em nosso país que traz um plano de ação de como implantar grupos de diálogo nas empresas e nas instituições. Minha intenção é apresentar as bases para que trabalhem a visão sistêmica e a comunicação interna eficaz em suas empresas, organizações ou instituições, criando um ambiente prazeroso e altamente produtivo, âncoras de um mundo humano e mais justo, onde - no relacionamento interpessoal - os focos sejam o diálogo e a busca do consenso.

PARTE 1

Informações básicas

CAPÍTULO 1

Consenso, instrumento da produtividade e da boa convivência

Em um dos treinamentos que ministrei, três anos antes da edição deste livro, um dos alunos deu um depoimento marcante. Estava em sala de aula com líderes da empresa Chemyunion, de Sorocaba, cidade do interior de São Paulo, trabalhando o tema "Cultura do diálogo". Em determinado momento, comentei que a visão sistêmica - e, por consequência, o diálogo e a busca do consenso - fazem parte da cultura do Japão e da China, diferentemente do Brasil, onde impera a visão ou o pensamento linear. Ao ouvir essa informação, um dos executivos da Chemyunion, Sérgio R. Bezerra, pediu a palavra e disse que vivenciou *in loco* essa realidade. Interessei-me e pedi que relatasse sua história, a qual, por ser fortemente ilustrativa, solicitei que repetisse por escrito em momento futuro. Gentilmente, ele assim procedeu. Alguns dias depois recebi um e-mail de Sérgio com o conteúdo a seguir.

> Ao falar sobre a cultura do diálogo e a tradicional filosofia dos povos orientais de buscar um consenso, lembrei-me de um fato ocorrido em 1989, quando trabalhava como

course manager em uma empresa dos Estados Unidos e era responsável pelo treinamento de pessoas não americanas. Recebi uma vez um grupo de seis chineses que ficariam conosco por duas semanas para passar pelo treinamento nos equipamentos que iriam operar em sua usina, e, para tanto, foram designadas duas estações de trabalho para que formassem dois grupos de três pessoas. Causou-me estranheza o fato de sentarem juntos em um só equipamento, desde o primeiro dia de curso, já que cada um dos outros alunos queria uma estação para trabalhar sozinho.

Durante o decorrer da primeira semana, não vou dizer que compreendi a atitude, pois ainda estava muito além da minha compreensão, mas comecei a entender. Eles preferiam se reunir para estudar juntos todas as fases do treinamento, chegando a uma conclusão comum. Quando havia algum impasse, me chamavam para que pudesse oferecer minha opinião como orientador e retomavam o diálogo até chegar a um consenso. Algumas vezes fui surpreendido com a conclusão do grupo, o que nos levou a fazer pequenos ajustes nas apostilas e assim aprimorar nosso treinamento. Hoje, posso dizer que consigo compreender com muito mais clareza a atitude por eles tomada; faz parte do consenso, um conceito nem sempre fácil de adotar, mas que muitas vezes nos permite "gastar" um pouco mais de tempo na fase de diálogo para podermos "economizar" uma quantidade enorme de energia no momento da aplicação da ideia.

O depoimento de Sérgio Bezerra, hoje executivo de uma das subsidiárias da Chemyunion, reforçou a importância de um dos meus projetos no campo profissional como consultor e treinador, que é implantar nas empresas o tripé cultura do diálogo, visão sistêmica e comunicação interna eficaz. Depois de três anos focando este tema, resolvi transformá-lo em livro.

A força do diálogo

Com o objetivo de valorizar ainda mais a importância do diálogo, vejamos uma história que poderia ser considerada fantástica, não fosse nossa crença na força do diálogo. No livro *Liderando pelo conflito*, Mark Gerzon relata:

> Em vez de simplesmente tentar matar todos os membros da Al-Qaeda, a rede terrorista mundial, o juiz Hamound Al-Hitar, do Iêmen, tomou uma atitude diferente. Ele decidiu envolver cinco membros da Al-Qaeda, que estavam na prisão por crimes, em um diálogo sobre o Islã. "Se vocês conseguirem nos convencer de que suas ideias são justificadas pelo Alcorão, então nos uniremos a vocês em sua luta", ele e outros quatro juristas islâmicos disseram aos terroristas. "Mas, se conseguirmos convencê-los de nossas ideias, vocês concordarão em renunciar à violência."
>
> A iniciativa do juiz Al-Hitar era o diálogo, não um debate, por causa da forma como ele estruturou o engajamento. Ele não começou tentando convencer os membros da Al-Qaeda de que tinham um modo de agir equivocado. Começou ouvindo-os de forma respeitosa, fazendo perguntas. "Uma parte importante do diálogo é o respeito mútuo", diz o juiz. "Junto com o reconhecimento das liberdades de expressão, de intelecto e de opinião, é preciso ouvir, mostrar interesse no que a outra parte está dizendo". Somente quando a confiança aumentou, o juiz pegou o Alcorão e começou a desafiar a lógica e os pressupostos dos terroristas. ("Aquele que matar uma alma é como se tivesse assassinado a espécie humana por completo", inicia uma passagem que o juiz adota com frequência. "E aquele que salvar uma é como se salvasse toda a espécie humana.")
>
> Depois de meses desses "diálogos teológicos", todos os cinco membros da Al-Qaeda renunciaram à violência.

> O programa continuou com incrível sucesso. Apesar do fato de o Iêmen ser uma fonte do extremismo islâmico (muitos dos que foram recrutados por Osama Bin Laden para o acampamento no Afeganistão vêm desse pequeno país situado à beira do mar Vermelho), o terrorismo não se fixou ali."[1]

Esse fato reforça que conflitos semelhantes – que hoje proliferam em nosso mundo – poderiam ter solução se as partes simplesmente resolvessem dialogar. Um dos importantes propósitos deste livro é disseminar a importância de sermos peças essenciais no estímulo e na prática da mudança interior necessária para a adoção da cultura do diálogo em todos os ambientes em que atuarmos.

Concluo este capítulo com uma frase citada pelo diretor de uma empresa cliente depois que sua equipe foi estimulada a dialogar, em vez de discutir e debater: "Descobri que boa parte dos nossos problemas era fruto do fato de que não sabíamos conversar!".

CAPÍTULO 2

Pensamento linear e pensamento sistêmico

Com talento, ganhamos partidas, com trabalho em equipe e inteligência, ganhamos campeonatos.
MICHAEL JORDAN

Os grupos são frequentemente mais inteligentes do que o seu participante mais inteligente

Em meados de 2007 executei pela primeira vez uma consultoria totalmente diferente do que até então ofertava. A característica diferenciada daquele treinamento era a sua versatilidade, pois ia ao encontro da solução de qualquer problema ou desafio de uma empresa, independentemente da área de atuação e do foco ou atividade que ela necessitava mudar. Naquela época, utilizei uma metodologia que havia criado, mas ainda não aplicado, que tinha - e continua a ter - como instrumento didático a vivência do diálogo na empresa. O verdadeiro diálogo.

Fiquei surpreso com os rápidos e produtivos resultados. Sabia que o efeito seria bom, mas não julgava que, em tão pouco tempo, os frutos surgissem com tão alto nível de eficácia. Felizmente, a empresa cliente também se surpreendeu de maneira positiva.

Os desafios imensos da liderança atual levam à valorização da assertiva de James Surowiecki, editor da área de negócios da revista *New Yorker*: "Os grupos são impressionantemente inteligentes, e frequentemente são mais inteligentes, que o seu participante mais inteligente". Essa conclusão nos induz a compreender que as decisões tomadas em grupo tendem a ser melhores e mais produtivas que as de uma única cabeça. Por esse motivo, este livro tem como base de sustentação a formação e valorização de grupos de diálogo, metodologia que valoriza a inteligência do grupo e não somente de uma pessoa.

A ação dos grupos de diálogo forja a cultura do diálogo, que tem como proposta substituir a discussão e o debate por uma fórmula bem mais eficiente, o diálogo, que é o solo fértil da inovação e da produtividade. A empresa que a adota tem consciência de que não mais está inserida na visão antiga - e ultrapassada - do mundo newtoniano, mas sabe que vive e convive num mundo quântico.

Num passado bem próximo, o pensamento linear, também conhecido por pensamento newtoniano - que recebeu essa denominação por ter na sua estrutura a mesma lógica das pesquisas do gênio Isaac Newton -, nos levou a dar saltos significativos nas estruturas organizacionais e empresariais. Naquela época, o bom líder era aquele que vivenciava a máxima "eu mando e você obedece", e o bom profissional era aquele que se especializava em obedecer. Era um tempo em que, irritado, Henry Ford dizia: "Não sei por que todas as vezes que contrato duas mãos, vem junto uma cabeça". Essa lógica newtoniana perdurou e foi útil por várias décadas. De repente, o mundo mudou. As pessoas passaram a ver o local de trabalho não somente como fonte de realização financeira, mas também - e com grande peso - de realização humana e profissional. Em função dos principais focos de uma empresa, que são a produtividade e a lucratividade, o ambiente prazeroso passou a ser uma das mais importantes demandas e então o pensamento sistêmico encontrou o seu espaço. No pensamento sistêmico, a hierarquia dá lugar ao conhecimento, e o mando dá lugar ao diálogo.

Na maioria das empresas brasileiras ainda impera o ultrapassado pensamento linear, em que a hierarquia e o mando são preponderantes, diferentemente da China e do Japão, que adotam o pensamento sistêmico por herança cultural, e também de muitas empresas norte-americanas que, por opção administrativa, também o seguem.

Na época do pensamento linear ou do mundo newtoniano, a lógica faça "A" para conseguir "B" funcionava. Na atual complexidade do mundo moderno, se fizermos "A" poderemos conseguir "B" ou "C" ou "D" ou "P", e provavelmente voltaremos ao "A"! A lógica newtoniana precisou e precisa ser substituída.

Estamos na era do pensamento sistêmico, também conhecido como pensamento quântico, denominação recebida como herança dos estudos revolucionários de outro gênio, Albert Einstein. Em seus estudos, Einstein demonstrou que nem tudo pode ser explicado pela lógica linear e que há sistemas complexos cujas partes interagem de modo não linear.

Mas não enterremos o pensamento linear. Há situações específicas de urgência em que sua ação é mais produtiva que a do pensamento sistêmico. Exemplificando, se uma empresa tem inesperado prejuízo que abala drasticamente sua situação financeira, caberá ao líder agir com urgência e de forma linear, mas educada, ordenando ao gerente de vendas que - junto com sua equipe - encontre alternativas para melhorar imediatamente o volume de vendas. Nessa circunstância, o líder valorizará mais a ordem se for enfático, sem dialogar. No entanto, na atualidade o pensamento linear geralmente fica – ou melhor, precisa ficar – restrito ao campo das exceções.

O pensamento linear nos induzia a entrar rapidamente no universo de "causa e efeito". Por exemplo, "se eu matricular meu filho numa boa escola, ele vai ter uma boa formação". Se, nesse caso, o aluno não conseguisse bons resultados, as deduções dos pais também eram rápidas: "meu filho é um preguiçoso", para não dizer outras coisas. Na atual vigência do pensamento sistêmico, as respostas não são diretas e nem rápidas, há várias alternativas interdependentes a analisar, como por exemplo: o ambiente da escola pode não ser bom, o material didático não estimula a criatividade, o professor é autoritário, a escola não considera a peculiaridade da fase mental da criança, a didática é mais voltada a decorar do que a refletir, o método de ensino-aprendizagem não valoriza as habilidades e tendências dos alunos, os pais não sabem trabalhar o reforço positivo necessário, os pais não são afetivos com os filhos, não respeitam sua individualidade, etc.

No livro *Diálogo*, as autoras Linda Ellinor e Glenna Gerard esclarecem:

> A visão newtoniana do mundo postula a existência de uma resposta certa ou melhor para os nossos problemas e que tudo pode ser determinado objetivamente. [...] O que agora compreendemos, por meio da visão quântica do mundo, é que frequentemente aquilo que existe é paradoxo, e há muitas respostas "certas" ou "melhores". A visão quântica revela que não há qualquer resposta absolutamente objetiva, que o próprio observador influencia a resposta com base nas expectativas ou na intenção trazida para o ato de observar.[1]

A influência do pensamento linear e do pensamento sistêmico no ambiente de trabalho

Tendo por base os novos desafios que continuamente surgem no mundo corporativo, alguém já disse que é preciso acrescentar à velha metáfora "a equipe precisa ser afinada como uma orquestra sinfônica" a frase: "e também irreverente e criativa como uma banda de *jazz*".

O que nos fará andar equilibradamente na corda bamba deste novo mundo é a conscientização da existência e da grande influência que o pensamento linear e o pensamento sistêmico exercem no ambiente de trabalho. O pensamento linear tem a ver com o mundo newtoniano; o pensamento sistêmico tem a ver com o mundo quântico.

Para o leitor entender melhor os conceitos "mundo newtoniano/pensamento linear" e "mundo quântico/pensamento sistêmico", exponho a seguir alguns exemplos, evidenciando seus contrastes e a necessidade da prevalência do segundo.

Sob a vigência do pensamento linear, a regra era o líder preservar o poder e controlar seus liderados. Sob a vigência do pensamento sistêmico, a regra é: "utilizemo-nos do diálogo para que a liderança seja compartilhada e também para que o poder seja distribuído entre os membros da equipe". Na atualidade, em vez de controlar, cabe ao líder melhorar o relacionamento entre a equipe e criar um ambiente que estimule a automotivação. Não há necessidade de controlar o pessoal em ambientes em que prevalecem a automotivação e o bom relacionamento.

Sob a vigência do pensamento linear, a regra era o líder passar tarefas ao seu pessoal e culpá-lo caso os resultados não fossem bons. Sob o pensamento sistêmico, a regra é: "Utilizemo-nos do diálogo para que os liderados se especializem em utilizar processos em vez de executar tarefas". Quando os serviços são executados mediante processos, as falhas eventuais são identificadas mais facilmente. E, em vez de culpar a pessoa, corrige-se o processo. A linguagem linear estimula a cultura de "achar o culpado". A linguagem sistêmica estimula a cultura de "procurar a solução".

Sob a vigência do pensamento linear, a regra era que as decisões deveriam ser tomadas de cima para baixo. De acordo com o pensamento sistêmico, descobriu-se que os colaboradores se tornam mais comprometidos quando sentem que são parte integrante das tomadas de decisão. Agora a regra é: "Vamos utilizar o diálogo para que os liderados enxerguem a real extensão dos problemas e dos desafios, e estimulá-los a apresentar estratégias ou soluções". Quando os serviços são executados por pessoas que ajudaram na formulação de suas estratégias, etapas e processos, o comprometimento é a consequência natural, assim como os bons resultados.

De acordo com o pensamento linear, a regra era a competição pura e simples. Os líderes de uma mesma empresa competiam entre si para provar a si mesmos - e também aos outros - sua superioridade. Sob a vigência do pensamento sistêmico, a regra é: Utilizemos o diálogo para que os líderes e também os liderados se especializem em colaborar entre si, pois no complexo mundo atual descobriu-se que "a soma das partes pode ser maior do que o todo". Isso significa que se incentivarmos e valorizarmos a colaboração de cada um dos integrantes de um grupo de trabalho, os resultados serão muito mais expressivos. Quando os serviços são executados com base na competição, pode-se até conseguir bons resultados no curto prazo. Mas se pensarmos no longo prazo, a colaboração será sempre a melhor alternativa, pois, entre outras vantagens, elimina os boicotes entre os profissionais da empresa.

O pensamento sistêmico, produto do mundo quântico, tem o diálogo como base de apoio. Esse é o "resumo da ópera".

A seguir, um quadro comparativo de algumas das situações citadas.

PENSAMENTO LINEAR	PENSAMENTO SISTÊMICO
Liderança controladora sustentada no poder do líder	Liderança compartilhada sustentada na distribuição do poder entre todos os integrantes da equipe
O liderado executa tarefas	O liderado executa processos
As decisões são tomadas de cima para baixo	As decisões são tomadas com a participação da equipe
Competição	Colaboração

CAPÍTULO 3

Novo mundo, novas demandas

Sessenta por cento de todos os problemas administrativos resultam da ineficácia da comunicação.

PETER DRUCKER

Pouco antes da virada do milênio, empresa eficaz era aquela que fazia e produzia "a mesma coisa" com qualidade e por vários anos seguidos. Para exemplificar, lembremos que durante muitos anos uma famosa sandália manteve, com sucesso, o mesmo modelo. De repente, o mundo mudou. As empresas passaram a enfrentar desafios de crescimento exponencial. Nessa nova realidade, não é mais possível satisfazer a demanda com uma única forma de ação empresarial ou com um único tipo de produto... Voltando às famosas sandálias, na atualidade elas são reinventadas continuamente. De "modelo único", a marca passou a ter modelos diferentes, com transformações constantes de padrões e cores.

Em função da nova demanda, que veio para ficar, a empresa moderna necessita, continuamente, procurar respostas para a questão: Como criar na empresa um celeiro de pessoas comunicativas, proativas, criativas e comprometidas? Em minha atividade como treinador e consultor empresarial, procurei essa resposta. Utilizei livros que me ajudaram a iniciar um novo processo de trabalho, em especial os seguintes: *A quinta disciplina;*[1] *Diálogo: redescobrindo o poder transformador da conversa;*[2] *Diálogo: comunicação e redes de convivência;*[3] e *Google.*[4] Esses quatro livros foram a "faísca" que me estimulou a pesquisar e estudar dezenas de outros livros, e também a tentar criar uma metodologia que tivesse como pilar fazer com que, em meus treinamentos, nunca viessem de mim as respostas aos problemas ou desafios da empresa cliente, mas dos próprios profissionais da empresa, pois, se ao atuar em um projeto eles fizerem parte de sua elaboração, comprometem-se com muito mais empenho. Essa decisão de fazer os participantes encontrarem as respostas aos problemas foi a que mostrou seguro norte para o projeto que então se delineava.

Para conseguir um resultado efetivo nas mudanças necessárias, a empresa deve incorporar de forma real os princípios da visão sistêmica e da comunicação interna eficaz, que são as bases da existência do espírito inovador e do relacionamento interdepartamental e interpessoal produtivo, condições imprescindíveis à empresa que se coloca como "aprendiz" - a melhor definição da empresa dos novos tempos.

A técnica para conseguir que a empresa vivencie a visão sistêmica e a comunicação interna eficaz é a implantação consistente e metódica da cultura do diálogo. Procuro estimular o leitor a se desapegar dos atavismos que trazemos em relação a discutir e a debater. Gostamos da discussão. Gostamos do debate. E esquecemo-nos da ferramenta mais apropriada para conseguir bons resultados em qualquer meio: o diálogo. Na discussão, o emocional prevalece. No debate, há o perdedor e o ganhador. Entretanto, quando há diálogo, as boas ideias encontram campo fértil. Daí a importância do exercício do verdadeiro diálogo.

Para implantar a cultura do diálogo é preciso que formemos grupos de diálogo. Cada grupo precisa ter de quatro a seis participantes apenas - pois, caso você não queira resolver determinado problema, é só formar uma comissão com vinte pessoas! Cinco vão falar para quinze ouvir. E a consequência será a ausência do comprometimento da maioria das pessoas.

No livro *Google*, os autores informam que Larry Page, um dos fundadores da Google, relatou a um grupo de estudantes: "À frente de cada um dos projetos em andamento gostamos de ter pequenos grupos". Tenho a convicção de que essa forma de agir da empresa é a principal razão do seu sucesso. Assim, repetimos: como dialogar e interagir eficazmente num grupo com vinte pessoas?

Portanto, em cada grupo de diálogo é fundamental que o número de participantes seja pequeno. Se a equipe é composta por vinte pessoas, forme, por exemplo, quatro grupos com cinco integrantes, cada um responsável por achar respostas para um desafio do setor ou da empresa. O fato de serem grupos pequenos mais a aplicação da metodologia deste livro farão com que o bom resultado surja com muito mais facilidade.

Tão logo um grupo de diálogo encontre resposta ao seu problema ou desafio, é aconselhável abraçar outro tema, e assim sucessivamente. Contudo, quando surgir um novo tema-desafio, não será preciso manter os mesmos participantes no grupo, pois é importante que haja sinergia entre eles, e ela pode não ocorrer em relação ao novo tema. Daí a razão de o próprio grupo analisar quem irá continuar participando quando novos temas ou desafios forem abordados. É preciso estimular os que saírem da equipe a formar novo grupo com tema que lhes seja afim. Mas veremos isso com calma mais adiante.

CAPÍTULO 4

Pulso firme, uma das qualidades essenciais do líder eficaz

Apesar de este livro abordar principalmente a importância do diálogo no mundo corporativo, é preciso reforçar que o objetivo "número um" de uma empresa não é, e nem deve ser, o exercício do diálogo, nem tampouco o bom ambiente interno. O objetivo prioritário precisa ser o fato de a empresa atuar de tal forma que seja altamente produtiva e lucrativa.

Se a empresa tiver como foco principal a cultura do diálogo e, por exemplo, como focos secundários as estratégias técnico-comportamentais relacionadas com a produtividade e a lucratividade, obterá um excelente ambiente interno, mas o resultado poderá ser o fracasso nos quesitos produtividade e lucratividade. Neste novo mundo corporativo, a empresa só alcançará produtividade e lucratividade expressivas se, além de adotar estratégias e instrumentos técnico-comportamentais de ótimo nível, também incluir em sua cultura interna o exercício do diálogo.

Por que tamanha importância em relação ao diálogo? Porque o diálogo é o alicerce essencial dos três pilares da empresa de sucesso, que são:

- Visão sistêmica;
- Comunicação interna eficaz;
- Bom ambiente interno.

Esses pilares são a base da lucratividade e da produtividade almejadas. Sem diálogo, não há como trabalhar de forma eficiente a visão sistêmica, a comunicação interna e o ambiente interno. Portanto, a cultura do diálogo passa a ser fundamental para a empresa moderna que pretenda ser altamente produtiva e lucrativa.

Mas não basta dialogar bem, é preciso que o líder trabalhe intensamente para que seus liderados não se acomodem, pois há empresas com excelente ambiente interno, em que o diálogo está presente, mas que não conseguem resultados expressivos. Qual o motivo do insucesso se o diálogo é praticado? É que o diálogo apenas não é suficiente, é preciso que nos questionemos: Para que serve o diálogo? Se a resposta for "para criar um ambiente que gere produtividade e lucratividade", então o caminho está sendo percorrido de forma adequada. E esse intento só será conseguido se, aliado ao diálogo, estiver presente o pulso firme do líder. Isto é, a cobrança efetiva - e educada - de resultados.

É óbvio que o líder jamais pode isentar-se da sua função de motivador e de ser aquele que aponta caminhos. Mas, se não houver pulso firme, haverá a tendência de os colaboradores se acomodarem. Com espírito aglutinador e pulso firme, o bom líder inspira seu pessoal a dar o melhor de si.

Entendamos o que significa pulso firme. Primeiramente, não é desrespeitar o liderado, não é ser mal-educado, não é esmurrar a mesa. Pulso firme significa utilizar palavra firme e certa no momento certo.

A ação do pulso firme pode até gerar algum desconforto ao liderado, mas é preciso que saibamos que conforto é a pior coisa que podemos proporcionar no ambiente corporativo. Ambiente estimulante e prazeroso, sim, mas confortável, não!

Certa vez, um diretor corporativo disse: "Quero que o meu pessoal se sinta incomodado". Esse pensamento faz sentido. A tendência de deitar na rede da zona de conforto faz parte da natureza humana; cabe ao líder gerar o desconforto necessário, sem ser mal-educado e sem prejudicar o ambiente interno. Lembremos sempre que fazer nossos liderados se sentirem incomodados não pode significar deixá-los infelizes.

Em um texto interessante sobre o assunto "deixe seus liderados incomodados", a consultora Betânia Tanure, professora da Fundação Dom Cabral, faz comentários sobre um tipo de líder muito necessário para o novo mundo corporativo, denominado líder transformador:

> Pesquisas recentes, ainda não publicadas em sua totalidade - uma que eu e Roberto Duarte desenvolvemos em parceria com a Wharton School, da University of Pennsylvania, e outra com meu colega Paul Evans, do Inseac - ampliam os achados do trabalho que fiz com Sumantra Ghoshal, da London Business School. Mostram que os líderes transformadores, em suas ações, geram efetivamente algum grau de sofrimento e desconforto. Afinal, despertam as pessoas para a realidade, pedem respostas para problemas antes ignorados, às vezes tomam medidas impopulares. Ao mesmo tempo, mostram-se dispostos a orientar e cooperar. Inspiram confiança e geram o sentimento de justiça. São pessoas que abandonaram o paternalismo protetor, típico da cultura gerencial brasileira,

> mas que agem com respeito pelos colaboradores, estimulando talentos e maximizando competências. Esses líderes são capazes de identificar fracassos sem disseminar o abatimento. Têm visão clara de seus objetivos e desafiam as pessoas que decidem seguir na mesma direção.[1]

A pesquisa de Betânia Tanure reforça a importância de gerar certo desconforto no ambiente corporativo para evitar a acomodação do pessoal, e ao mesmo tempo, mostra quão importante é o respeito ao colaborador, além de estimular talentos e maximizar competências. Todas essas qualidades são mais bem aplicadas num ambiente em que a cultura do diálogo esteja presente.

CAPÍTULO 5

As três naturezas do mundo empresarial

Nessa nova conjuntura de desafios incomuns e enormes a todos os segmentos do mundo corporativo, organizacional e institucional, meu livro *Liderança saudável*[1] traz uma informação bastante útil. Transcrevo a seguir parte de um capítulo que, por colocar em lugar de destaque o foco da empresa atualizada, valoriza ainda mais a importância da cultura do diálogo.

A nova natureza dos significados empresariais

Apesar de a palavra "destruir" ser sumamente associada a "extinguir", "eliminar", ela nos traz também o sentido de "transformar". E transformação é uma das palavras-chaves deste capítulo, pois entenderemos que a nova natureza dos significados empresariais não destrói a antiga natureza, mas, sim, transforma-a. Complementa-a. A compreensão dessa verdade nos levará à conclusão de que, ao contrário do pensamento comum, o mundo corporativo não precisa se autodestruir para atingir a maioridade empresarial, mas deve transformar-se.

Vejamos a seguir as três naturezas dos significados empresariais:

- A primeira, que alavancou o mundo corporativo;
- A segunda, que esboçou um sentido mais humano às empresas; e
- A terceira, que dá real amplitude às duas primeiras.

Entenda a locução "significado empresarial" como razão de ser das empresas. A natureza dos significados empresariais é geradora de crises, e essas, se bem compreendidas e administradas, são geradoras de desenvolvimento corporativo. Portanto, conhecer a natureza dos significados é o primeiro passo para compreender as empresas bem administrá-las para, por fim, alcançar o desenvolvimento do mundo corporativo.

A primeira natureza dos significados empresariais

A primeira natureza dos significados empresarias sustentava que a empresa é fonte criadora de riquezas e novas tecnologias.

Um dos exemplos clássicos, que deu início a essa visão, foi o surgimento, no início do século XX, da Ford Motor Company. Por muito tempo, a Ford foi um modelo para as novas empresas que surgiam. Ser uma empresa de sucesso era saber explorar da melhor forma possível a força dos funcionários, que eram vistos como máquinas. Naquela época, trabalhavam dez horas por dia, sete dias por semana. Não havia descanso semanal e nem férias. Era um trabalho escravo, remunerado e, pasme, naturalmente aceito pela sociedade e pelos funcionários, pois empresa não era lugar de analisar ou perder tempo com o fator humano; era lugar para trabalhar, apenas.

A segunda natureza dos significados empresariais

A segunda natureza dos significados empresariais defendia que a empresa é um organismo inserido na comunidade e, como tal, é instituição responsável social e comunitariamente. Para essa nova natureza imperar, a antiga natureza não deve nem pode ser destruída, mas transformada. De forma mais completa, a empresa passa então a ser vista da seguinte maneira, representando a junção das duas natureza: é a fonte criadora de riquezas e novas tecnologias e uma instituição responsável social e comunitariamente.

Nesse contexto, as empresas despertaram para sua função social. Passaram a ser comunitariamente mais responsáveis. Funcionários, clientes e fornecedores são compreendidos como seres humanos, não como objetos com braços e cérebro (mais braços do que cérebro!), como na época da primeira natureza.

A ética passou a fazer parte dos valores da empresa. A integridade assumiu poderes excepcionais no inter-relacionamento entre empresa e mercado. Teoricamente, as empresas, sob a égide da influência da segunda natureza, passaram a ser ideais. Teoricamente. Um discurso bonito e empolgante proliferou nas empresas comprometidas com essa segunda natureza, e, por que não dizer, a boa vontade dos dirigentes em tornar realidade a existência de uma empresa responsável era e é um fato. No entanto, havia (há) um fosso entre a realidade e o discurso bonito e muitas vezes sincero dos dirigentes empresariais. Se existe boa vontade e sinceridade nos propósitos, por que a realidade se apresenta de forma tão diferente? Por um único motivo: as empresas ainda não assimilaram a terceira natureza.

A terceira e última natureza dos significados empresariais

A terceira natureza dos significados empresariais, ainda em gestação, sustenta-se na tese de que a empresa é uma instituição geradora de atitudes proativas de valorização do indivíduo. Assim como na aplicação das outras duas primeiras naturezas, para que essa impere, as antigas não devem nem podem ser destruídas, mas transformadas com a força desse novo complemento. De forma mais completa, a empresa começa a ser compreendida da seguinte maneira, representando a junção das três naturezas: além de fonte criadora de riquezas e novas tecnologias, é uma instituição responsável social e comunitariamente e geradora de atitudes proativas de valorização do indivíduo.

Nessa terceira e nova natureza, a empresa permanece como fonte criadora de riqueza e novas tecnologias, mas não só. Precisa ser entendida como instituição responsável social e comunitariamente, mas isso ainda não é suficiente. Agora "o indivíduo" torna-se o centro da atenção, seja o indivíduo funcionário, o indivíduo cliente, o indivíduo fornecedor ou o indivíduo acionista. A partir de cada um desses papéis, a nova natureza dos significados empresarias enxerga um ser humano.

É verdade que na segunda natureza as pessoas também eram valorizadas como seres humanos. A diferença entre as duas é que, na segunda natureza, o ser era visto com humanidade, mas perdido numa massa populacional. Nessa nova natureza, o indivíduo continua a ser considerado um ser humano, mas de forma individual. Em outras palavras, na segunda natureza, o foco era a coletividade (algo abstrato), e, na terceira natureza, o foco é a individualidade (algo concreto).

Para que se entenda melhor a diferença, vejamos o seguinte exemplo: na segunda natureza, o cliente ganhou voz e valorização como ser humano. Por exemplo, as empresas criaram o sistema de atendimento ao consumidor. O cliente, ao comprar um produto com defeito, poderia reclamar. No entanto, ao telefonar para a empresa, ouviria uma voz gravada dando-lhe algumas opções como "aperte a tecla 1, se quiser...", "aperte a tecla 2, se quiser...", e assim por diante. O cliente tem voz dentro de uma massa humana, e não de forma individual. Nessa nova e terceira natureza, o cliente, ao telefonar para o serviço de atendimento ao consumidor, será atendido de forma individual e pessoal por uma voz humana, viva e simpática, que o trata de forma familiar, respeitosa e com muito afeto, lidando com o problema a partir da perspectiva do cliente. Eis a grande diferença. Essa nova postura empresarial é um grande desafio para as empresas, mas eficiente é a empresa que enfrenta rápido esse desafio, enquadrando-se nessa terceira natureza.

A empresa da terceira natureza é aquela que tem alma. Nessa nova natureza, os dirigentes empresariais têm um peso importantíssimo para apontar o caminho, atuando como elemento facilitador da implantação dessa nova fase. Mas, ao contrário do que se pensa, o sucesso não será fruto direto das atitudes dos dirigentes corporativos, apesar de sua conduta ser muito importante.

Nessa nova fase, a responsabilidade individual dos funcionários, dos clientes, dos fornecedores e dos acionistas será o grande diferencial. Não caberá mais ao funcionário reclamar do líder, mas de si mesmo, por não ter vontade e força para criar, com afeto e pulso firme, um ambiente e uma saudável pressão geradora de um novo contexto. Não poderemos transferir a responsabilidade de mudança para os outros.

Essa nova fase é difícil de implantar, pois implica o enfrentamento de vários desafios individuais, incluindo a autovalorização do ser humano, o desenvolvimento do amor-próprio e o descobrimento de sua essência superior. Depende da descoberta e da vivência da centelha divina presente em cada um de nós. Tudo isso numa época em que o egoísmo se faz tão presente. O desafio é grande, mas não há alternativa para o mundo.

Felizmente, outras correntes surgem nessa boa direção. Um exemplo marcante é a base da Organização das Nações Unidas para a Educação e a Cultura (UNESCO) para orientar seus projetos de ação para o século XXI. Sob o auspício da fundação francesa Jacques Delors e com a contribuição de especialistas da área da educação de todos os países associados, a UNESCO mostra "um rumo" para a humanidade. Os roteiros e currículos de aprendizagem serão estimulados a se assentar em quatro pontos: aprender a ser, aprender a fazer, aprender a conviver e aprender a conhecer. Essa contribuição, centrada em valores e habilidades, é um marco para o mundo educacional e corporativo em geral.

A terceira natureza dos significados empresariais será difícil de ser implantada, mas possível. E considerando os desafios atuais de nossa amada Terra, esse é o caminho menos doloroso. E, para bem trilhá-lo, desenvolveremos a cultura do diálogo, que deixou de ser necessária e passou a ser fundamental.

CAPÍTULO 6

Bom líder e bom profissional são sinônimos de homem de bem

As ações corretas originam-se de pensamentos corretos.
SÓCRATES

Aja de forma íntegra nos relacionamentos interpessoais e verá as portas abertas para o seu crescimento profissional e o de sua equipe. Na comunicação interpessoal eficiente, a melhor ponte entre emissor (aquele que fala) e receptor (aquele que ouve) é o bom caráter. Isto é, postura e atitudes íntegras.

Ao contrário do passado, em que o profissional que gerava lucros para a empresa não precisava necessariamente ser uma boa pessoa, no mundo corporativo atual fica cada vez mais nítido que aquele liderado ou líder que qualificamos como bom profissional assim o é porque é uma "boa pessoa", um "homem de bem". Dando um contraexemplo a essa realidade, voltemos ao meu tempo de juventude, em que um bom vendedor era a pessoa esperta, "malandra". Naquela época, costumava-se dizer: "esse é malandro, esperto, nasceu para ser vendedor!". Hoje, uma pessoa com essas "qualidades" jamais seria um bom vendedor. Pois o bom vendedor da atualidade, além de relacionar-se bem (uma qualidade sempre exigida desde os tempos passados), necessariamente precisa ser confiável, característica da pessoa de bom caráter, íntegra.

Nesse início de milênio, o aumento da responsabilidade individual nas relações de trabalho é uma tendência que veio para ficar. O bom caráter, também conhecido como integridade pessoal, será a base das contratações, da manutenção do emprego e do exercício eficaz de liderança. Nessa nova linha de pensamento, em entrevista para o jornal *O Estado de S. Paulo* no início de 2010, o empresário Marcelo Odebrecht, quando se referia à forma de sua empresa contratar líderes, afirmou: "A gente não usa *headhunter*. Para mim, o mais importante é a recomendação. Tendo caráter, o resto se aprende". Também relata a citada reportagem que o mesmo procedimento tem o presidente da Braskem, Bernardo Gradin, isto é, este renomado executivo é outro integrante do time que dá grande valor ao caráter do profissional quando o contrata.

O que veremos a seguir são sábias palavras de Dee Hock, fundador da Visa International. Além de serem importantes orientações para a contratação de bons colaboradores, também servem para refletirmos sobre a importância de sermos pessoas íntegras:

> Contrate e promova, primeiro, com base na integridade; segundo, na motivação; terceiro, na capacidade; quarto, na compreensão; quinto, no conhecimento; e, por último, na experiência. Sem integridade, a motivação é perigosa; sem motivação, a capacidade se torna impotente; sem capacidade, a compreensão é limitada; sem compreensão, o conhecimento perde o sentido; sem conhecimento, a experiência é cega. É fácil obter experiência e tirar bom proveito dela para as pessoas que possuam outras qualidades.[1]

Voltando ao meu tempo de juventude, as contratações naquela época exigiam como primeira qualidade a experiência; hoje ela está em um dos últimos lugares!

Aproveitando o texto de Dee Hook, questiono, para a reflexão do leitor:

- De que vale um profissional experiente sem bom caráter?
- De que vale um profissional com conhecimento sem bom caráter?
- De que vale um profissional com compreensão sem bom caráter?
- De que vale um profissional capaz sem bom caráter?
- De que vale um profissional motivado sem bom caráter?

Imagine o estrago que uma pessoa sem bom caráter, mas motivada, faria em sua empresa...

Como ser uma pessoa íntegra? Talvez o leitor possa dizer que a integridade vem de berço, isto é, da educação que herdamos dos nossos pais. Isso é fato. No entanto – como tudo na vida –, ela pode ser conquistada quando quisermos, basta que nossas ações estejam sempre calcadas no bem comum, na honestidade, no profundo respeito ao próximo. Assim agindo, seremos pessoas íntegras, e o nosso ponto de apoio será a consciência adequadamente tranquila. Ampliando a resposta, a educadora Joanna de Angelis esclarece que o indivíduo de bom caráter tem os seguintes atributos, que podem servir de bússola para nossa evolução: é alegre e devotado, gentil e bom, afável e generoso, cordial e pacífico.

Perceba como essa educadora mostra o caminho para sermos pessoas de bom caráter de forma sintetizada, pois em cada um dos pontos mencionados, há a característica da qualidade do homem de bem:

- Não basta que sejamos alegres, é preciso que também sejamos devotados.
- Não basta que sejamos gentis, é preciso que também sejamos bons.
- Não basta que sejamos afáveis, é preciso que também sejamos generosos.
- Não basta que sejamos cordiais, é preciso que também sejamos pacíficos.

Dessas características, quatro são muito fáceis de conquistar: sermos alegres, gentis, afáveis e cordiais. Qualquer pessoa pode ter essas qualidades facilmente: basta saber usar "máscaras", no que nós, humanos, somos especialistas. Mas as características que complementam cada uma delas - "sermos devotados", "sermos bons", "sermos generosos", "sermos pacíficos" - dependem de profunda e árdua mudança interior para a maioria de nós. O que, para o nosso próprio bem e de quem nos cerca, precisa ser nosso principal desafio.

Quer ser um bom profissional? Estude tudo o que for necessário para crescer em todos os campos; entretanto, se você for uma pessoa de bem, já é potencialmente um bom profissional.

PARTE 2

Reflexões sobre a discussão, o debate e o diálogo

CAPÍTULO 7

Diálogo, a ferramenta de gestão por excelência

Nunca vi uma situação em que um ou dois oponentes convenceram o outro pelo atrito.

THOMAS JEFFERSON

As três formas de interação pessoal - a discussão, o debate e o diálogo - são preponderantes para a boa ou a má convivência. Analisemos cada uma delas.

A discussão

Na convivência em sociedade, há situações específicas em que o debate se faz necessário, mas o mesmo não se pode dizer em relação à discussão. Quando discutimos, o emocional se sobrepõe à razão, por isso a discussão precisa ser definitivamente abolida da convivência em grupo, pois só traz malefícios às partes envolvidas.

O debate

Por sua vez, o debate quase pode seguir o caminho da discussão, pois somente se faz necessário em situações muito, muito específicas. Por exemplo, é útil em época de eleições, porque através do debate o eleitor terá oportunidade de conhecer os projetos dos candidatos adversários.

Muitas empresas mantêm o debate como norma, com a justificativa de que estão sendo inovadoras, produtivas e lucrativas, então por que mudar? Os fatos comprovam que se a empresa estimulasse o diálogo, passaria a ter melhor ambiente interno e seria ainda mais inovadora, produtiva e lucrativa. Além do que, com bom ambiente interno (consequência da adoção do diálogo em vez do debate), enfrentaria com maior eficácia os momentos de dificuldade.

Nos debates há sempre ganhadores e perdedores. Enquanto os ganhadores têm momentos de júbilo, os perdedores tendem a torcer contra as ideias dos vencedores, mesmo que inconscientemente.

O diálogo

É o instrumento por excelência para conseguir o comprometimento das pessoas envolvidas em projetos ou trabalhos em grupo, haja vista que - diferentemente do debate - no diálogo não existem pessoas ganhadoras ou perdedoras, mas sim ideias vencedoras.

É necessário estimular a adoção do diálogo na convivência em grupo, o que implica uma mudança estrutural, pois em nosso país prevalece a cultura da discussão e do debate. Para implantar a cultura do diálogo nas empresas e nas organizações em geral e formar grupos de diálogo, será preciso ter a coragem de aceitar uma importante e moderna mudança na cultura organizacional.

CAPÍTULO 8

Discutir, debater ou dialogar?

A única forma de tirar vantagem de um debate é evitá-lo.
DALE CARNEGIE

Discussão ou diálogo?

A característica básica da discussão é o fato de o emocional se sobrepor ao racional, criando desentendimentos e rancores. A discussão em que o emocional prevalece nunca é bem-vinda! Como já disse o escritor Augusto Cury, são aqueles trinta segundos de que depois nos arrependemos profundamente.

É importante considerar que, no Brasil, o termo discutir vai além do seu sentido etimológico, isto é, há pessoas que utilizam a expressão "vamos discutir este assunto" querendo dizer "vamos debater este assunto" ou "vamos dialogar sobre este assunto". Para efeito didático, quando neste livro surgirem as palavras "discutir" e "discussão", significa a circunstância em que o emocional prevalece.

Nada impede de continuarmos utilizando expressões como "hoje, às 14h vamos discutir nosso planejamento para o próximo ano", ou "este assunto merece ser discutido com mais profundidade", haja vista que o termo "discutir" e suas variações fazem parte de nossa cultura. No entanto, é saudável que quando alguém nos convide a discutir determinado assunto, pensemos: "eu não vou discutir, vou dialogar". Em síntese, por enquanto você pode não conseguir abolir o termo discutir de seu vocabulário, mas pode, na prática, em vez de discutir, dialogar.

Debate ou diálogo?

Ouve-se que é preciso debater à exaustão determinado tema conflitante para chegar a um consenso. Há nesta corriqueira afirmação um equívoco: em um debate dificilmente se chega a um consenso, pois a pessoa vem com determinada hipótese e procura vencer com suas ideias as opiniões dos outros participantes. Se for preciso chegar ao consenso, o instrumento de comunicação mais adequado é o diálogo. No entanto, é preciso deixar claro que o objetivo maior do diálogo é atingir a comunicação eficaz, que, em momentos adequados, admite e valoriza tanto o consenso quanto a falta dele, como veremos no "Guia de aplicação", que explica a metodologia para chegar ao consenso.

Peter Senge relata algumas frases determinantes de David Bohm sobre diálogo.[1] Bohm, destacado estudioso da física quântica, traduz em uma frase a essência do diálogo: "No diálogo, não estamos tentando vencer. Todos venceremos se fizermos de maneira correta". Em outras palavras, no diálogo as pessoas não se comportam como adversárias.

Diferentemente do diálogo, a característica básica do debate é que as partes se comportam como rivais. Isso pode fazer sentido no meio político ou em outras circunstâncias eletivas, em que um candidato a determinado cargo procura derrotar o outro com sua plataforma e argumentos. Mas, reflitamos, no mundo corporativo, organizacional ou institucional, é conveniente que haja adversários? Certamente não. Mas, infelizmente, ainda há adversários nesses ambientes. Ainda há líderes que, em vez de focarem o interesse maior da empresa, concentram-se nos interesses particulares de seu departamento. São aquelas circunstâncias muito conhecidas, quando determinado departamento age como se fosse uma empresa dentro de outra empresa! Nesse caso, o pensamento sistêmico está longe, muito longe. E também estão longe a inovação, a produtividade, a lucratividade e o bom ambiente interno. Por esse motivo, o foco do mundo corporativo é – ou precisa ser – o diálogo.

O Dalai Lama, em seu livro *Transformando a mente*, reforça a importância do diálogo nos tempos atuais. Ele esclarece que o debate se justificaria "se os interesses fossem bem-definidos e o meu interesse fosse independente do seu; nesse caso, a vitória e a derrota funcionariam. Mas, na atualidade, os interesses de todo o mundo estão muito entrelaçados".[2] Ele afirma que o debate cria vitoriosos e derrotados. E onde há derrotados, a desconfiança impera. Por outro lado, o diálogo inspira confiança entre as partes. E só há ambiente corporativo saudável e eficaz onde reina a confiança. Conclusão: pelos contínuos desafios vigentes nos atuais ambientes corporativo, organizacional e institucional, o exercício do diálogo tornou-se imprescindível.

Em relação ao debate e ao diálogo, no primeiro caso a pessoa já chega a uma reunião com ideias prontas e procurando impô-las. No segundo caso, a pessoa despe-se de suas verdades ou pressupostos, procurando somar o conhecimento de todos os participantes, para que a melhor ideia seja fruto do grupo que está dialogando, e não de um indivíduo apenas.

No diálogo, o grupo está aberto e predisposto a explorar diversos pontos de vista para chegar a um bom resultado. Um ponto também muito importante é que, em vez de usar reflexões com o objetivo de encontrar argumentos que destruam ou enfraqueçam as ideias do outro, no diálogo as pessoas fazem reflexões sobre a validade de suas próprias ideias.

Uma das boas consequências do exercício do diálogo é o fato de que nas reuniões corporativas fugimos da tradicional concentração na luta de egos dos participantes. Com o diálogo, aprendemos a colocar o ego a favor da empresa, com foco nos resultados.

Em seu livro *Diálogo,* Linda Ellinor e Glenna Gerard esclarecem:

> Quando utilizamos o debate, por exemplo, competimos para ver qual é a visão correta. Não nos afastamos e tentamos ver o problema maior que surge dos caminhos comuns aos vários pontos de vista. No diálogo, a intenção é ver esses caminhos comuns. Estamos lá para aprender a respeito da visão mais ampla daquilo que estamos considerando em conjunto.[3]

O gênio Benjamin Franklin, mesmo não sendo um grande orador, tinha aptidão natural para vencer debates. No entanto, em idade mais avançada, chegou à conclusão de que "essa aptidão mais atrapalhava do que ajudava na realização das coisas". Ele relata, em seu livro autobiográfico, a mudança de comportamento que ocorreu depois dessa descoberta:

> Quando alguém dizia algo que me parecia um erro, eu me negava o prazer de contradizê-lo e de mostrar de imediato o absurdo de sua proposição. Ao responder, eu começava

> observando que em certos casos e circunstâncias sua opinião estaria certa, mas que na presente situação me parecia ou figurava alguma diferença, etc. Logo descobri a vantagem dessa mudança de comportamento. Os diálogos em que me envolvia fluíam de modo mais agradável.[4]

Para não enterrarmos definitivamente o debate, Mark Gerzon ressalta que "o debate é um instrumento poderoso para defender uma posição definida", mas logo a seguir complementa: "embora o diálogo seja muito melhor para questionar, estabelecer ligações e criar inovações".[5] Como os questionamentos, o estabelecimento de ligações e também as inovações são vitais à "saúde" dos ambientes organizacionais, empresariais e institucionais, conclui-se que para esses ambientes o diálogo é a melhor alternativa.

O debate continuará existindo nas campanhas políticas eletivas. Neste contexto, ele é saudável, uma vez que possibilita ao eleitor conhecer as ideias, os programas e as posturas dos candidatos. Continuará existindo também no mundo jurídico, pois no direito há a consagração da defesa das partes. No entanto, em um processo lento, o debate tende a ser substituído paulatinamente pelo diálogo, mesmo nesses segmentos. Uma amostragem dessa nova realidade é o fato de a área do direito valorizar cada vez mais o espírito de conciliação entre as partes. Uma recente edição da revista *Época Negócios* relatou que "em 2001, o Supremo Tribunal Federal considerou que recorrer ao Judiciário é um direito, não um dever, e abriu, assim, espaço para o diálogo independente". Essa nova visão está fazendo os grandes escritórios de advocacia criarem áreas alternativas na solução de conflitos, quando – nesses casos – o instrumento é o diálogo. O texto afirma: "No Brasil, negociar um conflito sem recorrer ao judiciário significa evitar a burocracia e ganhar tempo. Em média, os acordos são fechados em um ou dois anos. Quando há diálogo, leva poucos meses".[6]

É importante observar que quando em um debate há equilíbrio emocional das partes, quando seus integrantes têm boa autoestima, se respeitam, valorizam as opiniões alheias e controlam o ego individual, podemos afirmar que o que está ocorrendo não é um debate, mas sim um produtivo diálogo.

Ainda em seu livro *Liderando pelo conflito*,[7] Mark Gerzon pontua as diferenças essenciais entre debate e diálogo, como transcrevo a seguir.

SITUAÇÃO 1
Debate: Pressupor que exista uma resposta certa e você a tem.
Diálogo: Pressupor que muitas pessoas tenham partes da resposta.

SITUAÇÃO 2
Debate: Combativo: os participantes se esforçam para provar que o outro lado está errado.
Diálogo: Colaborativo: os participantes trabalham juntos para um entendimento comum.

SITUAÇÃO 3
Debate: O importante é vencer.
Diálogo: O importante é chegar ao consenso.

SITUAÇÃO 4
Debate: Ouvir para achar as falhas e fazer contra-argumentações.

Diálogo: Ouvir para entender, encontrar um significado e chegar a um acordo.

SITUAÇÃO 5
Debate: Defender nossas próprias suposições como verdades.
Diálogo: Revelar nossas pressuposições para reavaliação.

SITUAÇÃO 6
Debate: Ver os dois lados de um problema.
Diálogo: Ver todos os lados de um problema.

SITUAÇÃO 7
Debate: Defender seu próprio ponto de vista contra o dos outros.
Diálogo: Admitir que o pensamento dos outros pode melhorar o seu próprio.

SITUAÇÃO 8
Debate: Procurar falhas e pontos fracos na posição dos outros.
Diálogo: Procurar pontos fortes e relevância na posição dos outros.

SITUAÇÃO 9
Debate: Por criar um vencedor e um perdedor, desencoraja diálogos futuros.
Diálogo: Mantém o tópico aberto mesmo após o encerramento formal do diálogo.

SITUAÇÃO 10
Debate: Buscar uma conclusão ou um voto que ratifique sua posição.
Diálogo: Descobrir novas opções, em vez de buscar chegar ao fechamento.

PARTE 3

Adquirindo conscientização prévia para estabelecer a cultura do diálogo

CAPÍTULO 9

Os dois objetivos da implantação de grupos de diálogo nas empresas

Os sábios excedem porque se veem como parte do todo. Brilham porque não querem impressionar. [...] Sua sabedoria está contida no que são, não no que dizem. Como se recusam a discutir, ninguém discute com eles.

LAO TSÉ

Neste milênio, o diálogo surge como a mais importante ferramenta das organizações em geral. Esta parte do livro tem por base estrutural a conscientização da necessidade de vivenciarmos o diálogo. Para este fim apresentarei, nos capítulos do "Guia de aplicação", três metodologias coligadas:

- Metodologia para formar grupos de diálogo;
- Metodologia para estabelecer a cultura do diálogo;
- Metodologia para estabelecer a cultura do consenso.

O primeiro objetivo da implantação de grupos de diálogo nas empresas, organizações e instituições tem a ver com a premente necessidade de substituir a discussão e o debate pelo diálogo nas reuniões em que se busca um fim específico e resultados efetivos.

O segundo objetivo é fazer com que, através da ação sistemática dos grupos de diálogo, a cultura da empresa, da organização ou da instituição paulatinamente incorpore o diálogo em todas as situações e circunstâncias em que haja envolvimento humano, para que a cultura do diálogo seja uma realidade.

O notável escritor Augusto Cury sintetiza com suas tradicionais frases marcantes o que é o verdadeiro diálogo, reforçando ainda mais a importância de formarmos grupos de diálogo. Ele afirma: "Dialogar não é simplesmente falar, produzir palavras, fazer gestos dosados. É ser espontâneo, singelo, sincero. É abrir o livro de nossa história para que os outros leiam nossos textos ocultos. É sair do prefácio para conhecer os capítulos mais importantes das pessoas com as quais nos relacionamos"; "Dialogar é falar o que as pessoas necessitam ouvir e não apenas o que nos interessa"; "Dialogar é ouvir o que os outros têm para nos dizer e não o que queremos ouvir"; "Dialogar não é controlar as pessoas, mas dar-lhes oportunidade"; e "Dialogar não é dominar as reuniões, mas dividir a pauta".[1]

Para o leitor que nunca ouviu falar sobre a criação de grupos de diálogo na empresa, veja a seguir trecho extraído do livro *Capital espiritual*, de Danah Zohar e Ian Marshall como este tema está entrando com passos firmes no mundo corporativo e institucional, principalmente nos Estados Unidos.

> O conceito de diálogo filosófico começou 2.500 anos atrás na ágora ateniense e floresceu com Sócrates, mas, depois dessa época, perdeu o prestígio e permaneceu dormente na cultura ocidental por séculos a fio. Na década de 1940, a prática foi revivida pelas terapias de grupo como uma nova abordagem para a resolução de conflitos. Na década de 1970, o físico quântico David Bohm assumiu a defesa do diálogo porque achou que o processo poderia modificar a sociedade e, com a publicação de suas obras, começou a ser divulgado. Foi adotado pelo centro de

aprendizado do MIT e ficou amplamente conhecido por causa do *best-seller* de Peter Senge, *A quinta disciplina.* Bill Isaacs, um jovem discípulo de Senge, deu início ao Projeto Diálogo do MIT e introduziu a prática nas grandes companhias. Atualmente, ela é amplamente utilizada [...]. Seja na psicologia de grupo, seja no mundo corporativo, o diálogo é praticado nos chamados grupos de diálogo, e esse recurso está se tornando comum em escolas, prisões e órgãos governamentais. Grupos de diálogo tiveram um papel importante na resolução de conflitos no Oriente Médio e na Ásia".[2]

CAPÍTULO 10

A fundamentação dos grupos de diálogo

De acordo com os autores Zohar e Marshall,[1] David Bohm (1917-1992) foi o precursor do tema diálogo ou grupos de diálogo. Seus estudos continuam tão relevantes, como quando ele os trouxe ao mundo da ciência cognitiva e das relações. Mas este livro estabelece outra vertente sobre o assunto. Explicando melhor, o grupo de diálogo idealizado por Bohm tem fundamentos amplos e complexos que, no meu ponto de vista, são difíceis de aplicar na prática por uma empresa, organização ou instituição. Dou alguns exemplos a seguir.

No conceito de Bohm, o grupo de diálogo: a) não pode ter regras; b) não pode ter um tema definido para o grupo dialogar; c) precisa ter no mínimo vinte participantes; e d) não se pode escolher quem serão os participantes.

No livro escrito pelo próprio David Bohm, *Diálogo*,[2] esses quatro itens fazem sentido, filosoficamente falando, porque o autor tem como foco o diálogo amplo, e não com um fim específico. Em contraponto, Bohm relata as dificuldades de implantação do seu método. Por exemplo, houve casos em que o grupo levou meses para decidir o tema a ser desenvolvido!

O método que proponho para a implantação do grupo de diálogo não está isento de dificuldades; entretanto, são muito menores do que as do grupo de diálogo idealizado por Bohm.

Então, está errado o que Bohm idealizou? De forma alguma. Pelo que nos inspiram, suas obras deveriam ser os livros de cabeceira da humanidade. No entanto, pelo fato de este texto se dirigir especificamente às empresas e instituições, meu foco é diferente do de Bohm. Sem perder o lado filosófico, tomo por base o concreto e o realizável no curto prazo. No mundo empresarial moderno, não podemos levar meses para decidir que tema fará parte do grupo de diálogo.

Com o objetivo de apresentar metodologias para implantar grupos de diálogo e disseminar a cultura do diálogo nas empresas, diferentemente de Bohm, nos concentraremos nos seguintes tópicos:

- Regras para criar um grupo de diálogo;
- A importância de definir um tema para dialogar;
- Número de participantes inferior a vinte;
- É conveniente escolher quem serão os participantes.

Esses quatro pilares contrariam os conceitos de Bohm na formação de grupos de diálogo pelo fato de nossos focos serem diferentes. Por outro lado, neste livro há situações em que os ensinamentos desse grande pensador e físico quântico estão presentes, haja vista que suas pesquisas são pertinentes e profundas.

Pode parecer paradoxal contrariar alguns princípios de Bohm na formação de grupos de diálogo e, ao mesmo tempo, utilizar seus estudos. No entanto, são os paradoxos que motivam o surgimento da criatividade. Felizmente, no mundo atual, estamos aprendendo a não mais fugir dos paradoxos, mas a aproveitá-los para extrair uma nova forma de ver determinado tema ou circunstância.

Enquanto David Bohm visualiza a importância dos grupos de diálogo de uma forma ampla e complexa para o mundo, neste livro, de forma mais restrita, focalizo a importância dos grupos de diálogo para as empresas e instituições em geral. Neste universo menor, em que os resultados precisam ocorrer de forma rápida, as regras devem ser práticas e aplicáveis no curto prazo. O fator tempo, na concepção de Bohm, não é preponderante - visão adequada para o campo em que aplicou o seu conceito de diálogo. No entanto, no campo empresarial, o fator tempo tem grande peso e valor.

CAPÍTULO 11

Pensamento sistêmico: a bússola das empresas que aprendem. Diálogo: a agulha da bússola

No livro *A quinta disciplina,*[1] Peter Senge relaciona as cinco disciplinas vitais para as empresas que se colocam na condição de corporações sempre abertas à aprendizagem contínua: domínio pessoal, modelos mentais, construção de visão compartilhada, aprendizagem em equipe e pensamento sistêmico.

Ele reforça também a importância do pensamento sistêmico:

> É vital que as cinco disciplinas se desenvolvam como um conjunto. Isso é desafiador, pois é mais difícil integrar novas ferramentas do que simplesmente aplicá-las separadamente. Mas as recompensas são enormes. Por isso, o pensamento sistêmico é a quinta disciplina, aquela que integra as outras, fundindo-as em um corpo coerente de teoria e prática. [...] Sem uma orientação sistêmica, não há motivação para analisar as inter-relações entre as disciplinas. Ampliando cada uma das outras disciplinas, o pensamento sistêmico nos lembra continuamente que a soma das partes pode exceder o todo.

Se o pensamento sistêmico é a bússola das empresas que aprendem, o diálogo é a agulha dessa bússola. Portanto, o diálogo é a liga ou a cola que une todos os fundamentos de uma empresa que aprende.

A implantação de grupos de diálogo nas organizações visa, principalmente, fazer com que o pensamento sistêmico passe a ser parte efetiva da cultura da empresa ou da instituição. E então, com mais facilidade, o diálogo também será um elemento da cultura da empresa.

Entre o ideal e o possível

Para a implantação de grupos de diálogo na empresa, o ideal é que a alta liderança esteja envolvida e comprometida com o projeto. No entanto, devido aos intensos e contínuos desafios do mundo moderno, a alta liderança tende a se envolver com mais força e dedicação nos campos estratégicos relacionados com a produtividade, a rentabilidade e a atualização tecnológica. O que é parcialmente correto, pois a velocidade e o número de desafios atuais deixam claro que a melhor estratégia da alta liderança é focar principalmente a gestão eficaz de pessoas. De que valerão ótimas estratégias se não houver pessoas motivadas para geri-las?

Quando afirmo que a alta liderança precisa estar comprometida com o projeto, não é preciso que ela esteja "à frente", comandando e determinando os passos. A alta liderança é a importante faísca do processo, mas a chama é a equipe que dá forma ao processo e aos projetos. Cabe à alta liderança motivar, estimular e acompanhar a evolução do trabalho, mas deixar que o seu pessoal arregace as mangas e faça acontecer. Cabe ainda à alta liderança valorizar no processo a função estratégica do Departamento de Recursos Humanos, que muitas vezes é visto como um setor burocrático, sendo que, em sua essência, é – ou melhor, precisa ser – o mais valorizado da empresa. Essa visão do RH demonstra que a empresa conhece a importância e o valor de todos os trabalhadores.

A alta liderança precisa mostrar, de forma bastante enfática, que acredita na formação de grupos de diálogo, mas, a partir daí, delegar. É importante lembrarmos a dica do excelente psicólogo corporativo Paulo Gaudêncio, quando afirma que delegar não significa "de*largar*". Delegue, sim, mas não abandone a equipe. Acompanhe o andamento do trabalho, estimulando continuamente o pessoal a abraçar e persistir nessa nova causa.

Já sabemos que o ideal é que a alta liderança esteja envolvida e comprometida com o processo, mas e se isso não ocorrer? Nesse caso, o processo será mais lento, mas nem por isso sua implantação deixará de ser muito importante. Não dá para fazer o ideal? Façamos, então, o possível. A faísca poderá ser um líder de qualquer departamento ou setor que acredite na importância da formação de grupos de diálogo.

Sempre será possível começar. Se não da maneira ideal, pelo menos da forma possível. E, com o tempo, os resultados alcançados pelo eventual pequeno grupo que iniciou o processo tenderão a sensibilizar setor a setor, até chegar à alta liderança. Poderá ser um processo lento, mas será consistente.

Para concluir, voltemos ao "ideal". Quem sabe algum presidente, diretor ou gerente geral, ao ler este texto, se sensibilize! Para ajudá-lo, transcrevo a seguir um texto do escritor e palestrante Max Gehringer, que reforça a importância da atitude exemplar do líder junto aos seus liderados:

O EXEMPLO QUE VEM DE CIMA

> Quando uma empresa resolve implantar alguma mudança, normalmente ela faz uma campanha interna para mostrar aos funcionários que a mudança vai ser boa para a empresa e melhor ainda para os funcionários. Na prática, porém, a maioria das mudanças acaba dando resultados inferiores aos esperados. Ou porque os funcionários não entenderam ou porque não quiseram colaborar. Então, a culpa é dos funcionários? Eu acho que não. E vou contar uma historinha prática.
>
> Trabalhei em uma empresa que tentou várias vezes implantar um sistema de uso de crachás. Mas nós – os funcionários – éramos contra. Nós achávamos que os crachás eram desnecessários, porque ali na empresa todo mundo conhecia todo mundo, e andar com aquela peça de plástico pendurada no peito não iria melhorar nada para ninguém. A direção da nossa empresa tentou de tudo, até que chegou à famosa decisão jurássica: quem não estivesse usando crachá não entraria para trabalhar. Resultado: todo mundo, passou a odiar os crachás e a perdê-los de propósito. Até que um dia eu fiquei sabendo de que modo uma grande empresa havia conseguido fazer com que seus funcionários usassem crachás sem precisar fazer nenhuma campanha e sem gastar um tostão.
>
> Foi assim: um dia, os diretores apareceram usando crachá. E todo mundo começou a se perguntar por que só os diretores tinham crachá. Duas semanas depois, os gerentes também receberam crachás e passaram a usá-los com orgulho, porque os crachás os colocavam no mesmo nível, por assim dizer, dos diretores. Não demorou muito para os funcionários ficarem insatisfeitos com aquela dis-

criminação, e aí a empresa mandou fazer crachás para todo mundo. E todo mundo passou a usar, feliz da vida.

A lição é simples: o que faz qualquer mudança funcionar não é a comunicação eficiente. A comunicação ajuda, mas não resolve. O que resolve, mesmo, é o exemplo que vem de cima.[2]

CAPÍTULO 12

Antes de "Como?" ou "O quê?", "Quem?"

Quando a gente pensa que sabe todas as respostas,
vem a vida e muda todas as perguntas.
LUIS FERNANDO VERISSIMO

É fundamental que nos conscientizemos de que estabelecer a cultura do diálogo nas empresas, nas organizações e nas instituições em geral é algo que veio para ficar. E para que essa nova etapa ocorra de forma altamente eficaz, é preciso que se formem grupos de diálogo - de forma paulatina - por todos os cantos da organização, adotando procedimentos que serão expostos em capítulos à frente.

É preciso que saibamos antecipadamente qual é o objetivo de cada grupo de diálogo; isto é, achar resposta para um problema ou para um desafio da empresa exercitando o diálogo. O que, por consequência, irá formar no ambiente corporativo a cultura do diálogo.

Por esse motivo, antes de procurarmos saber "Como iniciar" ou "O que deverá ser feito para o processo ter início", perguntemos: "Quem irá participar dos primeiros grupos de diálogo?"

Os primeiros grupos tendem a ser os multiplicadores do processo; ou seja, após os resultados positivos, tornam-se exemplos vivos do sucesso do trabalho, estimulando a formação de novos grupos e fazendo com que a cultura do diálogo passe a fazer parte da empresa.

A escolha de quem irá participar dos primeiros grupos é um fator de extrema importância. No livro *Empresas feitas para vencer*,[1] Jim Collins aborda o tema como transformar uma empresa boa em uma empresa excelente. Fica claro – em qualquer circunstância – que mais importante do que estruturar um projeto é escolher quem irá participar dele. Apesar de essa orientação ser aparentemente óbvia, o fato é que boa parte das empresas faz o contrário: cria grupos de estudo para definir o "como" ou "o quê" de determinado projeto, sem dar especial atenção ao nível de interesse, comprometimento ou envolvimento das pessoas escolhidas para participar.

Outro aspecto a considerar é que é preciso que seja abolido nas empresas o hábito equivocado de, qualquer que seja o projeto que envolva o seu pessoal, a execução ficar por conta do departamento de Recursos Humanos. Nestes novos tempos, é fundamental nos conscientizarmos de que o verdadeiro departamento de Recursos Humanos é representado pelo conjunto de líderes da empresa, e não mais pelo pessoal de RH. Ao pessoal de RH cabem as importantes funções de apoiar, acompanhar e registrar os projetos, mas o "fazer acontecer" é de responsabilidade dos líderes. Se as empresas continuarem enxergando o RH de forma equivocada, como ainda é muito comum, esse importante setor não terá como ser efetivamente estratégico, que é a sua mais importante função.

E o participante problema?

Como agir quando uma (ou mais) das pessoas "certas" para participar do grupo de diálogo for problemática, por exemplo, inábil na comunicação, arrogante ou prepotente? Bem, é preciso esclarecer que, para resolver conflitos interdepartamentais ou outros provenientes da postura aventada, é essencial que tais indivíduos façam parte do grupo. O poder de alavancagem dessas pessoas para resolver a questão do conflito é enorme. É lógico que elas não são importantes pelas suas inabilidades, mas sim - como foi mencionado - pelo seu poder. Se a pessoa causadora de conflitos altera de forma positiva seu comportamento, o peso dessa transformação é favoravelmente multiplicador, em todos os sentidos.

Em determinadas empresas não será incomum participarem dos grupos de diálogo - pela importância de suas funções - pessoas inábeis em termos de comunicação. Quando isso ocorrer, a sugestão é que as primeiras reuniões tenham como foco - de forma aberta e clara - o tema "Como conseguiremos transformar este grupo de diálogo em uma equipe comunicativa?". Somente após conseguir respostas a essa questão o grupo de diálogo poderá se dedicar a outros temas.

Mas pode ficar a dúvida: será de fato possível conseguir bons resultados tendo como integrantes pessoas altamente problemáticas? Respondo: uma das grandes qualidades do grupo de diálogo é o seu poder de adaptar-se aos desafios inerentes ao grupo de participantes. Por exemplo, se durante o processo se descobre que está faltando a alguns integrantes a habilidade de ouvir, cabe ao grupo de diálogo decidir pela mudança de foco, tornando-o ainda mais específico, isto é, substituindo o tema "Como conseguiremos transformar este grupo de diálogo em uma equipe comunicativa?" por "Como conseguiremos aprender a ouvir o próximo?". Adotando a praticidade e a adaptabilidade e também os procedimentos para formar grupos de diálogo (expostos em capítulo mais à frente), afirmo que o resultado será surpreendentemente favorável.

Veja a seguir uma ilustração que reforça a adaptabilidade e, por consequência, a grande eficácia dos grupos de diálogo:

Já ocorreu de, em empresas clientes, eu ouvir de alguns participantes dos grupos de diálogo: "Nosso problema não é nem mesmo como achar respostas aos nossos problemas, mas vai além. É como achar tempo para nos reunirmos no grupo de diálogo!". Nessas circunstâncias, digo: "O espírito do grupo de diálogo é que os próprios participantes encontrem respostas para seus desafios e problemas. Sugiro que por ora se esqueçam do tema que tinham escolhido e temporariamente o substituam por 'Como conseguiremos achar tempo para nossas reuniões do grupo de diálogo?'. E atenção: somente quando conseguirem resposta para essa questão poderão retornar ao desafio anterior".

Após essa observação, o grupo passa a ter novo foco, e, dali a algum tempo, conseguem reunir-se normalmente. Uma vez estabelecido o novo foco, descobrem o que está causando a dificuldade de agendar as reuniões e, em vez de apontar culpados, procuram e encontram a solução.

PARTE 4

Aprendendo a praticar o diálogo

CAPÍTULO 13

O ego no comando

O propósito deste capítulo - e do próximo - é trabalhar a conscientização de que cada vez mais o bom profissional precisa respeitar o próximo e ter autodomínio. Este capítulo foca o autodomínio relativo ao ego. É fundamental que no mundo corporativo, ou em quaisquer organizações/instituições, as pessoas não mais sejam comandadas pelo ego, mas que estejam no comando do ego, o que gera comprometimento corporativo saudável e sinergia inigualável.

O que facilita bastante essa atitude é pensar: "o que somos?" Muitos de nós nos identificamos com nosso carro, sentimo-nos poderosos no interior do último modelo que adquirimos ou invejamos o outro se o nosso carro for um modelo sem projeção. Ou talvez nos identifiquemos com nossa casa - mais do que do conforto que ela nos proporciona, sentimo-nos orgulhosos do luxo que podemos mostrar aos amigos - ou não nos sintamos bem por ela ser simples. Ou podemos nos identificar com nossa conta bancária - se temos um bom saldo, a nossa autoestima é elevada, se não, passamos a ter baixa autoestima. Não é que não devamos pensar em progredir material e profissionalmente, mas nós não somos o que temos. Nós temos o que somos.

Confundimos o que é o verdadeiro sucesso, e a neurose toma conta do nosso psiquismo. Como nos ensina o educador Osho Rajneesh, acreditamos que o sucesso é o termômetro de nossa felicidade, quando a serenidade é que o é. Esses procedimentos neuróticos nos levam ao autoisolamento. Conversamos com o outro, mas não saímos do nosso mundo.

A alternativa para construirmos um mundo onde estejamos no comando do nosso ego – e por consequência, um mundo mais produtivo e feliz – tem apenas um fundamento: incluirmos o outro em nossa vida. Precisamos ser generosos na convivência. Firmes na atividade profissional, mas generosos. Precisamos dar verdadeira atenção a quem está à nossa volta; como disse Simone Weill, "a atenção é a mais alta forma de generosidade".

É importante discutirmos sobre o ego no comando, pois quando isso ocorre com os líderes empresariais, há influência direta – negativa – no lucro da empresa. No livro *O fator ego,* David Marcum e Steven Smith afirmam que de acordo com suas pesquisas, mais da metade dos empresários calculam que o ego lhes custe de 6 a 15% da receita anual de suas companhias. Os autores complementam:

> Muitos acreditam que tal estimativa seja demasiadamente conservadora. Mas mesmo que ela custe apenas 6% da receita, o seu custo anual será de aproximadamente US$ 1,1 bilhão para uma empresa que esteja na média da lista das 500 maiores da revista *Fortune*. Esse valor quase se equipara ao lucro médio anual dessas mesmas corporações.[1]

Considerando esses dados, não precisamos ser especialistas financeiros para concluir que o ego, quando está no comando, "rouba" 50% do que poderia ser o lucro real das empresas! Esta realidade impressionante muitas vezes não é visualizada pelo mundo corporativo.

Um dos pilares construtores do ego exacerbado é a comparação. Quando nos comparamos com o outro, colocando-nos como superiores, a ação negativa do ego está presente. O livro *Mereça ser feliz*, de Ermance Dufaux e Wanderley Soares de Oliveira, aborda este tema:

> Desde as primeiras percepções infantis, o ato de comparar é uma necessidade para a aquisição da consciência. As referências paternas e maternas, inicialmente, e depois as sociais são âncoras de desenvolvimento da personalidade. Nesse particular, o afeto tem papel preponderante, porque, conforme a qualidade dos sentimentos atribuídos a tudo aquilo que compõe as nossas experiências, teremos uma percepção, uma "representação psicológica" do mundo. [...] Nos relacionamentos, as comparações são muito utilizadas pelo orgulhoso com a finalidade de exacerbar seu conceito pessoal e rebaixar a importância dos demais. As comparações orgulhosas impedem relacionamentos gratificantes e duradouros, porque estabelecem uma competição íntima com os outros. O campo das suposições e da imaginação fértil alcança níveis enfermiços nesse particular. Vive-se mais o que se imagina do que propriamente o que se sente. O homem aprende a cuidar da sua máscara com maior devoção, que de sua realidade íntima.
>
> [...] Dando exagerada importância às comparações, o orgulhoso passa a ser um "fiscal" dos atos alheios, procurando motivos para realçar-se e afirmar-se ante o próximo, a quem toma como um "oponente", ainda que não seja,

especialmente se essa criatura pensa ou age em desacordo com suas crenças e concepções. Seu campo mental funciona como um "radar" em busca de um deslize ou de um episódio que fragilize seu "opositor", e os julgamentos e reprimendas mentais comparecem inevitavelmente como um efeito dessa condição psíquica e emocional.

A única comparação útil e proveitosa é aquela que fazemos conosco mesmo, procurando sempre aferir se estamos hoje um pouco melhor em comparação a ontem.[2]

CAPÍTULO 14

Afetividade e diálogo, os antídotos do ego exacerbado

O ego pode ser nosso grande amigo ou nosso grande inimigo. Reforcemos que a afetividade é um dos importantes antídotos do ego exacerbado. Isso significa que a pessoa afetiva sabe como ficar no comando do ego.

Não há como estabelecer o verdadeiro diálogo com o próximo sem o exercício da afetividade. Mas é preciso que saibamos que exercitar a afetividade não significa necessariamente que sejamos afetuosos. Podemos ter "atitudes afetivas" sem que o verdadeiro afeto esteja presente.

Afeto é sentimento. Afetividade ou atitudes afetivas são maneiras civilizadas de convivermos com o próximo, mesmo que o sentimento afetuoso ainda não se faça presente. À medida que dialogamos, passamos a adotar atitudes afetivas; assim, com o tempo tendemos a ser realmente afetuosos, que é uma das grandes conquistas evolutivas do ser humano.

O ideal seria que na convivência com os colegas de trabalho, além da afetividade, o amor estivesse presente. O amor é a fonte de onde jorra o bem-estar pleno, a alegria genuína, a convivência feliz.

A afetividade é o primeiro degrau do amor. E essa afirmação escancara à nossa frente a porta do amor. Se, por exemplo, não sabemos amar o próximo no ambiente profissional, é perfeitamente possível agir de forma afetiva. Ter atitudes afetivas significa estar "na direção certa", na direção do amor. Então, por que não escolhermos a direção certa no mundo corporativo, a afetividade, que, além de ser o primeiro degrau do amor, é o exercício pleno do diálogo verdadeiro?

Deepak Chopra relata que um procedimento científico (a experimentação) comprovou que bebês prematuros que receberam afeto ganharam 47% a mais de peso por dia do que os do grupo que não recebeu afeto.[1]

Como o desenvolvimento biológico tem relação direta com o psiquismo do ser humano, a lógica científica nos leva a concluir que, assim como os bebês que recebem afeto gerenciam melhor o seu mecanismo psíquico, da mesma forma o profissional que vive num ambiente em que a afetividade se faz presente irá também gerenciar melhor esse mecanismo. Como a psique humana é que comanda o bem-estar ou o mal-estar do indivíduo, fica provado – e comprovado – que a afetividade para com o próximo tende a criar um ambiente corporativo altamente positivo e produtivo. Portanto, comandemos nosso ego exercitando o diálogo verdadeiro, que – relembremos – tem como consequência o exercício da afetividade.

CAPÍTULO 15

Utilize linguagem de comunicação inclusiva

Criar grupos de diálogo equivale a mudar a cultura da empresa. E só se modifica a cultura de uma organização por meio da alteração de comportamento dos seus integrantes ou colaboradores. É preciso que passemos a ter atitudes comportamentais diferentes e novas, o que implica tomar a firme atitude de mudar nossa linguagem de comunicação.

O diálogo é o instrumento que viabiliza a existência do pensamento sistêmico na empresa (ou em qualquer organização ou instituição). Por essa razão, a linguagem de comunicação utilizada no grupo de diálogo assume especial importância. Mas o que é "linguagem de comunicação"? É a forma de comunicação que determina a cultura da empresa ou de qualquer outro ambiente onde há convivência em grupo. Por exemplo, se o líder de uma equipe costuma dizer "nossa equipe e a equipe deles", está fomentando separações, criando facções ou concorrentes internos. Essa linguagem de comunicação gera competição, em vez de colaboração. O pensamento sistêmico está a léguas de distância desse tipo de ambiente.

No entanto, se o líder ou qualquer outro integrante, quando se referir ao pessoal de sua equipe e também ao de outra equipe, disser "nossas equipes", não estará falando de forma excludente. Nesse caso, o pensamento sistêmico tem portas abertas para navegar no ambiente apropriado.

É impossível o pensamento sistêmico coexistir num ambiente em que, por exemplo, o setor comercial e o setor de produção agem como se fizessem parte de empresas diferentes. Quando integrantes de duas ou mais equipes de uma mesma empresa fazem parte do mesmo grupo de diálogo, os participantes precisam ser orientados a utilizar o termo "nossas equipes". É através da linguagem adequada que se cria o ambiente adequado.

Max Gehringer, mestre na habilidade de ensinar coisas sérias brincando, explica, no seu livro *Comédia corporativa*:

> A aplicação prática de qualquer novo conceito de gestão se divide em três fases: a) *fase "nós"* – é exatamente o que *nós* estávamos pensando; b) *fase "eles"* – é mais complicado do que *eles* imaginavam; c) *fase "eu"* – desde o início *eu* avisei que isso não ia dar certo.[1]

Que essa divertida forma de dizer verdades sirva de alerta para que a opção de utilizar o termo "nossas equipes" seja altamente consciente.

CAPÍTULO 16

Suspenda o julgamento

Já vimos que atuar em grupos de diálogo implica naturalmente (e, se for o caso, forçosamente), mudanças comportamentais. Isso porque o nosso hábito é competir e, no grupo de diálogo, por ser um grupo colaborativo, a competição entre os integrantes não é bem-vinda. No grupo de diálogo, o mais importante não é vencer a discussão ou o debate, mas vencer a si mesmo. Para isso, é imprescindível conhecer-se. E, por fim, é necessário termos autodomínio, autocontrole. Como conseguir? Adotemos os procedimentos a seguir, que estaremos na direção certa.

Enquanto ouvimos comentários numa conversa em grupo, fazemos contínuos julgamentos mentais, geralmente com base em pressupostos. Agimos assim de forma espontânea. Mesmo que não os expressemos verbalmente, eles – os julgamentos – estão presentes em nossa mente.

O procedimento de suspender o julgamento não significa "não julgar", o que na atual fase evolutiva da humanidade seria praticamente impossível, mas nos habituarmos a suspender os julgamentos. Isso não quer dizer que devemos ser omissos. Significa que escolhemos ser comunicadores. Significa que, em vez da discussão e do debate, escolhemos utilizar o exercício do diálogo. Peter Senge expõe o pensamento de Bohm:

> Todos os participantes devem "suspender" seus pressupostos, literalmente colocando-os como se estivessem suspensos diante de nós.
>
> [...]
>
> Suspender os pressupostos significa segurá-los "como se estivessem pendurados à sua frente, constantemente acessíveis ao questionamento e à observação". Isso não significa que temos de jogar fora nossos pressupostos, suprimi-los ou evitar sua expressão. Tampouco, de maneira alguma, significa que ter opiniões é 'ruim' ou que devamos eliminar o subjetivismo. Ao contrário, significa estar conscientes dos nossos pressupostos e submetê-los a exame. Isso não pode ser feito se estivermos defendendo nossas opiniões. Tampouco pode ser feito se não tivermos consciência dos nossos pressupostos, ou de que nossas visões se baseiam em pressuposto, em vez de em fatos incontroversos. Bohm argumenta que uma vez que o indivíduo "se fecha numa posição" e decide que "é assim que tem de ser", o fluxo do diálogo fica bloqueado.[1]

Logicamente, as considerações sensatas são sempre muito bem-vindas, mas quando as considerações vêm revestidas de julgamentos, tendem a prejudicar enormemente o diálogo.

Quando adquirimos o hábito de nos controlar em relação aos julgamentos, nossa mente fica liberada para criar tipos de comunicação que estimulam o diálogo, deixando de agir por impulso e de forma intempestiva.

No livro *Mereça ser feliz* encontramos uma profunda lição sobre o julgamento, sugerindo que nos habituemos a analisar em vez de julgar:

> Como não julgar, se a todo instante a mente está expedindo, mesmo sem querer, os mais diversos tipos de juízo sobre o próximo? Porventura estaria propondo o Mestre Jesus a irrestrita indulgência quando dissertou sobre o julgamento? Mas, indagam os mais exigentes, não será omissão deixar de ver o mal ou constatá-lo a benefício de outrem?
>
> Ainda que desejemos não estabelecer julgamentos, nosso estágio evolutivo caracteriza-se por um "sequestro emocional", no qual somos "reféns" de processos mentais sobre os quais ainda não adquirimos completo controle. Quando ativamos o mecanismo mental de julgar, gravamos no psiquismo um modo de agir que aplicamos, igualmente, a nós próprios. E quando Jesus estabeleceu o "não julgamento", Ele, naturalmente, queria poupar-nos desse cárcere que detonamos contra a nossa própria felicidade. Aliás, muitos sentimentos de culpa e repressão que patrocinam a "autodescaridade" têm origem nesse intrincado "engenho" da autossugestão mental.
>
> Como equacionar, portanto, essa dúvida ética?
>
> A angústia nasce exatamente quando não se sabe como fazer, ante o que já se sabe que deve fazer. [...] Julgar seria o hábito de interpretar as atitudes alheias conferindo-lhes juízos éticos de apreciação pessoal. Esses juízos são formulados através de sentenças, verdadeiros veredictos, que estipulam o que entendemos sobre a ação do outro. Impossível para nós fazer esses julgamentos sem influência dos valores e imperfeições que definem nossa personalidade, acrescidos dos interesses pessoais e das expectativas que criam a conveniência no ato de julgar. Assim, compreende-se cla-

ramente por que não devemos julgar, pois falharemos inevitavelmente na forma, na proporção e na conclusão. Além do que a pior consequência desse ato, em nosso desfavor, será a instalação do mecanismo mental de aplicar a nós próprios as censuras e recriminações destinadas ao outro, com as mesmas molduras éticas e sentimentos.

[...] Esses ângulos de análise ensejam-nos valorosas reflexões sobre os motivos que nos levam a ser reféns dos julgamentos.

Julgar é situar a mente na inflexibilidade, analisar é buscar a compreensão do subjetivismo do próximo.

Julgar é concluir. Analisar é perquirir.

Nos julgamentos temos certezas. Na análise encontramos a relativização.

Nos julgamentos temos sentenças. Na análise temos alteridade.

O desejo inferior de reduzir o valor alheio é das causas mais comuns na atitude de julgar. Enquanto a ação de analisar nos conduz à lealdade em relação aos sentimentos que experimentamos com quem tenhamos conflitos.[2]

CAPÍTULO 17

Aprenda a ouvir

Na maioria dos conflitos, a principal parte do problema consiste em fazer com que as pessoas falem e ouçam umas às outras.

Howard Raiffa

David Bohm afirma que no diálogo é preciso aprender a "ouvir sem preconceito e sem tentar influenciar-se mutuamente". Afirma esse grande pensador que cada participante do grupo

> deve estar interessado, em primeiro lugar, na verdade e na coerência, de modo que possa deixar de lado suas ideias e intenções antigas, e tornar-se pronto para entrar em algo diferente quando necessário. Se, contudo, duas pessoas querem trocar ideias ou pontos de vista como se fossem simples fragmentos de informação, seu encontro fracassará quase inevitavelmente. Pois cada uma delas ouvirá a outra por meio do filtro dos seus pensamentos, os quais tentará conservar e defender, não importa se verdadeiros ou coerentes.[1]

Em uma reunião ou em qualquer grupo de pessoas, é comum cometermos o erro de ficarmos pensando tão fixamente no que iremos falar que nos esquecemos de ouvir atentamente o que o outro está dizendo. Essa atitude demonstra que estamos colocando o nosso ego em evidência. Se nos colocarmos a favor do foco ou do tema da reunião, primeiramente deveremos ouvir atentamente o que o outro tem a dizer, procurando refletir sobre a contribuição dele com o assunto-foco e, no momento oportuno, de forma sensata, contribuir com nossa opinião.

As consultoras norte-americanas Linda Ellinor e Glenna Gerard comentam:

> É quase impossível encontrar palavras que façam justiça ao papel do ato de ouvir em qualquer conversação, especialmente no diálogo. Ouvir é a porta por meio da qual permitimos que o mundo entre. O modo como ouvimos, o que e quem ouvimos e as suposições por meio das quais ouvimos emolduram nossa percepção da realidade. Ouvir pode ser o ato criativo mais poderoso que desempenhamos; ouvimos e criamos realidade com base no que ouvimos a cada momento.[2]

A força e o perigo das suposições

Enquanto ouvimos, tendemos a fazer suposições fundamentadas em nossa experiência de vida, nossa história, nossos acertos e nossos equívocos. É preciso que saibamos que suposições são e serão sempre suposições. Portanto, podem não fazer parceria com a verdade. Para melhor esclarecermos nossas suposições em relação ao que ouvimos, perguntemos ao nosso interlocutor: "Entendi de sua fala que [exponha sua interpretação]. Está correto o meu raciocínio?"

A importância de formular perguntas adequadas para bem ouvir

Para bem ouvir, temos também que saber bem perguntar. Podemos perguntar de duas formas – "Posso fumar quando estou rezando?" ou "Posso rezar quando estou fumando?" - a um líder religioso se é permitido fumar e rezar ao mesmo tempo.

A probabilidade de a resposta ser positiva está muito mais evidente na segunda pergunta. Não basta perguntar, é preciso saber "como" perguntar.

As perguntas que geram mais reflexão e iniciativa são "O quê?" e "Como?". Outras perguntas também importantes são: "Quem?"; "Onde?"; "Quando?"; "O que mais?"; "O que você quer?"; "O que isso vai te trazer?"; "Como você poderia fazer isso?". Acrescente também a colocação: "Me diga mais...". Para não parecer um interrogatório, as perguntas precisam ser entremeadas com simpática e produtiva conversa. Evite a utilização da pergunta "Por quê?", que tende a gerar justificativa - e quem justifica explica, mas não resolve.

Para melhor exemplificar o teor não educativo da locução "Por quê?", imagine um pai perguntando ao seu filho adolescente: "Por que você tirou nota baixa novamente na escola?" e outro pai na mesma situação perguntando: "Meu filho, o que você pode fazer para melhorar sua nota na escola?". Reflitamos: qual das duas perguntas tende a gerar solução em vez de justificativa?

Importante observação: quando gera reflexões produtivas, o "por quê?" é muito bem-vindo, por exemplo:

- Por que devemos valorizar a amizade?
- Por que devemos respeitar nossos funcionários?
- Qual o porquê de a nossa empresa existir?

Aprendendo a ouvir em três níveis

Como Linda Ellinor e Glenna Gerard observam, o ideal é que aprendamos a ouvir em três níveis: interno, focado e global.

- *Interno:* quando a pessoa faz suas reflexões interiorizando o que concluiu da fala do outro, para só depois comentar.
- *Focado:* quando associa o que ouviu ao propósito da reunião ou do diálogo.
- *Global:* procura ter sempre uma visão generalista para que a flexibilidade se faça presente.[3]

Aprendendo a ser bons ouvintes, passaremos a ter uma visão mais abrangente da realidade à nossa volta. O líder que muito fala e pouco ouve mais expõe o seu universo e sua verdade do que aprende com o universo e a verdade das pessoas ao seu redor.

Não se julgue "dono da verdade"

Mesmo que nosso próximo emita opiniões ou argumentos contraditórios, sem o raciocínio lógico ideal, ele tem sua razão, ainda que parta de uma premissa falsa. Ter razão não significa estar certo. Para entender melhor, analisemos o significado da palavra "razão": razão é o resultado do raciocínio lógico sobre o conhecimento. Se o conhecimento for verdadeiro, a razão será verdadeira. Se o conhecimento for falso, a razão será falsa, mas não deixará de existir. Em outras palavras, aquela pessoa que, segundo nosso conceito, está totalmente errada não se vê desse jeito porque as "verdades" ou razões de cada indivíduo são diferentes.

Será que o conhecimento dessa regra significa que devemos dizer a cada pessoa do nosso grupo: "você tem razão"? Não, esse não é o objetivo da regra que diz que "todo mundo tem razão". O objetivo é melhorar a qualidade da nossa argumentação, conscientizando-nos de que para colocar nossos argumentos com eficácia temos que, obrigatoriamente, refletir sobre a razão do próximo, em vez de - como a maioria procede - tentar incontinente expor a nossa razão sem atentar à razão ou à verdade do outro.

Analisando a razão ou a "verdade" do outro, nossas palavras serão mais adequadas para transformar nossa fala em comunicação.

Lembre-se sempre deste ensinamento universal: "Toda verdade tem três faces: uma, a verdade como você a vê; outra, como eu a vejo; e a terceira, a verdadeira". Para a convivência produtiva, é preciso que aceitemos a verdade do outro, lembrando que "aceitar" é diferente de "concordar".

CAPÍTULO 18

Elogie o que merece ser elogiado

O elogio é a ferramenta do indivíduo que exercita a alteridade, a arte da boa convivência com os diferentes. O fato de vivenciarmos a alteridade implica sermos educadores, pois todo bom educador a pratica. Portanto, a forma mais produtiva da convivência em grupo é agir como educadores.

Já é patente que todo bom líder é um educador e que todos os bons pais são educadores. No entanto, mesmo que ainda não sejamos líderes ou pais, é importante também agirmos como educadores. Ser educador não tem a ver com cargo ou função, é uma escolha pessoal. Posicionando-nos como educadores, nos colocamos como parte integrante e proativa do desenvolvimento dos grupos dos quais fazemos parte, vivenciando a alteridade.

Mas o que é um educador? A resposta popular é que educador é o ser que tem por função educar as pessoas. E esse é o grande erro conceitual, já bem esclarecido pela moderna pedagogia.

O educador que merece essa denominação sabe que educar não é sua função. Ele tem consciência de que não é ele quem "educa". Sua importante função é criar ambiente favorável para a própria pessoa se autoeducar. Por exemplo, um professor não educa seus alunos. Sua única função possível é estimulá-los para que se autoeduquem.

Para melhor entender a função de um educador, pense num hábil jardineiro. Ele revolve a terra, aduba o jardim, planeja os canteiros e, por fim, planta as sementes no solo. Se o adubo é bom, se o planejamento foi benfeito e se a terra foi bem-preparada e irrigada, surgirá um belo canteiro, onde lindas e cheirosas flores irão encantar o ambiente. O educador é o jardineiro. O educando é a semente.

Não há jardineiro no mundo que consiga o milagre de fazer a semente desabrochar; essa função é da própria semente. Somente ela traz potencialmente essa condição. Mas o jardineiro pode, conforme vimos, criar o ambiente ideal para ela - por si mesma - desabrochar.

Não há líder, pai ou pessoa no mundo que faça um ser humano crescer interiormente. Essa função é da própria pessoa. Mas o educador pode criar o ambiente ideal para ela por si mesma se autoeducar ou se automotivar (é importante sabermos também que ninguém motiva o outro, é a própria pessoa que se automotiva). Conscientes dessa realidade, podemos melhor dimensionar o valor do "reforço positivo" na convivência com o próximo. O reforço positivo é o preparo do solo do jardim da alteridade.

Situação 1: A dose certa de reforço positivo

Se o jardineiro colocar muito adubo e irrigar além do necessário, a semente tende a apodrecer. Da mesma forma, o reforço positivo precisa ser usado na dose certa, nem pouco, nem muito. O líder que elogia seus liderados todos os dias consegue menos resultados do que aquele que os elogia esporadicamente, pois, nesse caso, o reforço passa a ter mais peso e valor.

SITUAÇÃO 2: Quem tem o direito de criticar tem o dever de elogiar

O líder e o educador têm direitos e deveres. Reflitamos sobre esta frase que ouvi de um dos participantes de meus treinamentos: "Quem tem o direito de criticar tem o dever de elogiar." É comum o líder e o educador (que nesse caso não merecem esses títulos) utilizarem o seu direito, mas não o seu dever. Já ouvi pessoas dizerem: "Meu chefe enxerga todos os meus erros, mas não vê meus acertos".

Há chefes que, em vez de aplicarem o reforço positivo, fazem o oposto: aplicam o reforço negativo. Quando o funcionário faz algo benfeito, eles dizem: "Você não fez mais do que sua obrigação. Você é pago para isso".

O fato de aplicar o reforço positivo (nosso dever) não pode anular nossa crítica (nosso direito). É fundamental que saibamos que reforçar o positivo não necessariamente significa deixar de dizer onde a pessoa está errando. A crítica construtiva, a crítica benfeita, sempre é bem-vinda. Reforçar o positivo significa dar ênfase principalmente aos acertos, mas se para maior eficácia no resultado for necessário apontar os erros, isso deve ser feito. Lembre-se de que a palavra "líder" se refere à posição hierárquica do participante fora do grupo de diálogo, pois dentro do grupo o líder precisa despir-se de sua posição hierárquica. No grupo de diálogo não há hierarquia, todos estão no mesmo nível de influência, mesmo que fora do grupo sejam líderes e liderados.

Situação 3: PNP – A melhor forma de criticar alguém

A maioria das pessoas não gosta de ser criticada. Observe que logo após a crítica a outrem vem uma justificativa como resposta. Quem justifica explica, mas não resolve. Uma técnica bem adequada para criticar e evitar que a pessoa justifique é denominada "PNP" (Positivo/Negativo/Positivo) - ao necessitar criticar construtivamente alguém, comece e termine dizendo coisas positivas e coloque a crítica entre as coisas positivas. A seguir, um exemplo:

- *Primeira parte:* o reforço do positivo

  "Você trabalha nesta empresa há dez anos, e sempre demonstrou ser um profissional altamente competente. Lembro que o seu projeto para diminuir os custos do setor foi muito útil para nossa empresa. Lembro também que há dois anos você melhorou o *layout* da casa das máquinas, o que gerou melhor produtividade."
- *Segunda parte:* a crítica

  Após o comentário anterior, a pessoa que recebeu o elogio abre a janela da mente, pois não há quem não goste de ser elogiado. Quando perceber que a janela da mente está bem aberta, coloque a crítica, com o peso que ela deve ter. Algo assim:

  "Só que desta vez você cometeu um erro primário. Você mudou a função do seu principal funcionário sem dialogar com ele. O seu proceder está gerando sérios problemas no ambiente interno, e a produtividade do seu grupo caiu assustadoramente".

  Obs.: A crítica precisa ser completa, mas rápida, pois à medida que você critica, a pessoa vai fechando a janela da mente, querendo justificar-se. No entanto, antes que ele se justifique, você entra na terceira parte.

- *Terceira parte*: o reforço final

  Nesta parte você conclui, dizendo: "Mas eu sei da sua inteligência. Tenho consciência de sua competência. Você conseguirá dar a volta por cima. Peço que verifique que atitude julga melhor adotar para voltar ao bom ambiente interno pelo qual você sempre primou".

  Atenção: A técnica "PNP" só funciona se você tiver o hábito de utilizar rotineiramente o reforço positivo (obviamente na dose certa, sem exagero). Se não tiver esse hábito, ou seja, se você elogiar apenas quando utilizar a técnica "PNP", não alcançará seu objetivo. Isso porque quando você começar a primeira parte da "PNP", o interlocutor não abrirá a mente para ouvi-lo; muito pelo contrário, tenderá a resistir, imaginando: "lá vem crítica!".

SITUAÇÃO 4: Sejamos caçadores de acertos

A Talent é uma agência de propaganda que criou frases memoráveis como "Não é nenhuma Brastemp", "A diferença é que o Estadão funciona", "Bonita camisa, Fernandinho", dentre outras. À frente dessa agência há um líder especial, Julio Ribeiro. É imensa sua capacidade de criar um ambiente interno altamente favorável. No livro *Fazer acontecer*, ele afirma que todo líder precisa ser um caçador de acertos. Leia seu recado:

> Não se esqueça de ser sempre um caçador de acertos, não de erros. É tolice apontar constantemente os erros da equipe, esperando que com isso ela não erre mais. É me-

lhor estimular os acertos, para que o grupo fique desejoso de acertar sempre. Uma equipe assustada, em vez de tentar fazer o melhor para resolver os problemas da empresa, passa a tentar adivinhar aquilo que o cliente quer. Quando a equipe sabe que o seu trabalho é apreciado, passa a trabalhar bem, por simples satisfação pessoal. É quando fica até a madrugada para tentar uma solução melhor; quando negocia uma vez mais um plano de mídia para conseguir condições que nem o cliente esperava; é quando fica alegre por alguém ter gostado do trabalho criativo.[1]

SITUAÇÃO 5: Sejamos mestres no uso de palavras positivas

Muitas vezes não nos preocupamos em escolher as palavras certas na conversa com o próximo. Utilizar a palavra certa é fundamental, pois só assim poderemos nos ver como educadores e comunicadores. Imagine um pai que, querendo que o filho melhore a redação, diz a ele: "Você já estudou onze anos para escrever esta porcaria?! No meu tempo eu trabalhava e estudava, você só estuda e nem sabe escrever!".

Será que esse pai se comunicou com o filho? Não, ele apenas desabafou! E desabafo não é comunicação. É verdade que nenhum ser humano consegue ter controle emocional durante 100% do tempo. É normal de vez em quando desabafarmos, em vez de nos comunicarmos. Mas não podemos errar 350 dias do ano! Precisamos trabalhar para acertar cada vez mais e errar cada vez menos.

O dentista Tom McDougal é um mestre no uso de palavras positivas. Ele diz: "mudança de horário" em vez de "cancelamento"; "sala de recepção" em vez de "sala de espera"; "combinar o tratamento" em vez de "pagar"; "esvaziar a boca" em vez de "cuspir"; "preparar o dente" em vez de "passar o motor"; "pequena picada" em vez de "injeção"; "sentirá um certo desconforto" em vez de "sentirá dor".

Antes de reclamarmos do ambiente conflituoso à nossa volta, reflitamos: se quisermos ser comunicadores e educadores, precisamos ter cuidado especial na escolha das palavras que saem de nossa boca, pois são elas que criam um bom ou um mau ambiente. A escolha é nossa.

CAPÍTULO 19

Seja assertivo

Seja o seu sim, sim; seja o seu não, não. Esta é a essência da assertividade.

Uma pessoa assertiva é aquela cuja fala é transparente, sempre exalando a verdade. A pessoa assertiva tem forte tendência a evitar a hipocrisia e a falsidade. Por possuir essas características de personalidade, a pessoa assertiva inspira confiança e credibilidade, credenciais vitais para o relacionamento interpessoal produtivo e saudável.

Não pensemos que a expressão "seja o seu sim, sim; seja o seu não, não" significa que a linguagem da pessoa assertiva é autoritária e ditatorial. Muito pelo contrário. Uma das qualidades da pessoa assertiva é justamente o fato de ser transparente e verdadeira sem desrespeitar o próximo, o que gera admiração e respeito.

Ser assertivo também significa o exercício do perdão e do autoperdão, bem como saber trabalhar a mágoa ou o ressentimento. Não que a pessoa assertiva seja isenta de mágoa ou ressentimento (o que seria impossível para a grande maioria, no atual estágio de nossa evolução humana), mas ela procura ter controle emocional para que sua comunicação seja receptiva. O excelente livro *Seja assertivo!*[1] traz características de pessoas assertivas e não assertivas que exponho a seguir.

Algumas características da pessoa não assertiva:

- Tem dificuldade para dizer não;
- Evita conflitos;
- É impaciente no ouvir;
- Tem a sensação de ser uma "engolidora de sapo";
- Fala duro e firme, e depois pede desculpas;
- Vence uma conversa pela insistência, não pelo conteúdo;
- É mais de criticar do que de elogiar (ao outro e a si mesmo).

Algumas características da pessoa assertiva:

- Não tem dificuldade em dizer não;
- Não evita conflitos (se eles forem necessários) e sabe administrá-los;
- Sabe ouvir;
- Mais elogia do que critica;
- Sua fala, por ser firme e respeitosa, não cria a necessidade de pedir desculpa;
- Estimula a comunicação de mão dupla;
- É comunicadora por excelência.

De acordo com o que vimos até aqui, dos três pilares do diálogo – empatia, alteridade e assertividade –, a assertividade é a mais difícil de exercitar, pois muitas vezes a decisão de ser assertivo implica adotar uma nova filosofia de vida.

Acreditar que as pessoas têm um imenso potencial a ser explorado e ser apaixonado por seu desenvolvimento forma uma excelente base para o profissional passar a ser assertivo.

Seja sincero sem ofender

A sinceridade é uma das mais importantes qualidades no relacionamento interpessoal, pois é fruto da transparência. Uma pessoa transparente, por mostrar-se como é, tende a conseguir melhores resultados na convivência. Entretanto, é preciso que seja transparente e comunicadora, porque caso a transparência ou a sinceridade gerem ofensa, o outro não ouvirá de forma adequada.

Quando alguém se valoriza dizendo: "eu sou transparente", "eu sou verdadeiro" ou "eu sou autêntico", geralmente essa pessoa não se conhece, não é comunicadora e gera conflitos altamente destrutivos. Não que devamos fugir dos conflitos, eles são inerentes à convivência humana, mas evitar os conflitos improdutivos é sinal de sensatez.

Lembremo-nos sempre da regra: é preciso, sim, que sejamos verdadeiros, transparentes, autênticos, sinceros, mas sem ofender.

Se alguém chegar até você e disser: "Falei tudo o que o fulano precisava ouvir!", você pode imaginar o que foi dito! Ou, pior ainda, "como" foi dito! Pergunte então a essa pessoa: "Deu resultado?". Com certeza você irá ouvir como resposta uma frase parecida com esta: "Resultado não deu, mas que ele ouviu o que precisa ouvir, ouviu!".

Como você já deduziu, o exemplo não é comunicativo, é um clássico modelo de desabafo – o que só piora a situação de conflito.

Temos de questionar nossa forma de ser transparentes e sinceros. Antes de conversar com nosso interlocutor, perguntemos a nós mesmos: "Esta minha fala vai gerar ofensa?". Se a resposta for "sim", temos de mudar a forma de falar sem abandonar a sinceridade e a transparência. Você gosta que alguém o ofenda? Da mesma forma, os outros também não gostam de ser ofendidos.

Guia de aplicação

METODOLOGIAS

A. Metodologia para formar grupos de diálogo

Eu costumo dizer que infeliz da empresa que ainda for comandada por alguns "gênios". Hoje o que comanda a estabilidade de uma empresa é o QI Grupal.

Luiz Antônio Silva, terapeuta e consultor corporativo

Comprometimento da equipe

Os capítulos deste guia completam a metodologia para formar grupos de diálogo. Seus conceitos estão fundamentados numa assertiva que precisa começar a fazer parte das organizações em geral, mas principalmente daquelas em que as decisões são tomadas "de cima para baixo". É a constatação cada vez mais evidente de que "o que me faz conseguir o comprometimento da minha equipe não é a minha atitude de mostrar de forma clara aonde eu quero chegar, mas o fato de decidirmos juntos aonde queremos chegar".

Esse tipo de procedimento é mais trabalhoso no processo inicial, mas o espírito de visão compartilhada que o sustenta economiza tempo em etapas futuras. Um artigo da revista *Harvard Business Review*[1] de janeiro de 2009 reforçou a importância da visão compartilhada, esclarecendo que para gerar real comprometimento da equipe a visão não pode vir de instância superior, precisa ser construída em conjunto. Em vez de fruto de apenas uma cabeça, que ela seja consequência da reflexão de todos os profissionais envolvidos na questão. Para exemplificar essa necessidade, diz o artigo da citada revista que Budddy Blanton, gerente de programas da Rockwell Collins, aprendeu a lição na prática. Blanton pediu que a equipe lhe desse *feedback* sobre seu comando. A vasta maioria foi positiva e aprobatória. Mas a equipe deu conselhos incisivos sobre o que Blanton deveria fazer para melhor inspirar uma visão comum a todos. Um subordinado direto disse: "Você ganharia se nos ajudasse, como equipe, a entender como chegou à sua visão. Queremos estar do seu lado durante a criação das metas e da visão, para que possamos chegar juntos à visão final".

Conforme os capítulos posteriores melhor esclarecem, na metodologia para formar grupo de diálogo, cada equipe tem como propósito abraçar um problema ou desafio da empresa, com a finalidade de encontrar respostas adequadas. Como consequência dessa metodologia, a cultura do diálogo começa a fazer parte do ambiente empresarial, organizacional ou institucional. Esse fenômeno vai ocorrer quando os grupos de diálogo estiverem disseminados por todos os setores. Contudo, para implantar com sucesso grupos de diálogo, é importante que se atente para as duas informações a seguir:

- *Agrupamento de pessoas, um organismo vivo:* Um agrupamento de pessoas pode ser definido como um organismo vivo, criador de conflitos muitas vezes destrutivos. Considerando que são bem-vindos os conflitos se bem administrados e construtivos, é extremamente salutar a formação de grupos de diálogo. A cooperação vigente no grupo vai contribuir no encontro de respostas para os desafios cotidianos, sem conflitos destrutivos.

- *Comprometimento real:* A finalidade maior dos grupos de diálogo é fazer com que a equipe encontre resposta comum aos desafios da empresa, o que – pelo fato de todos serem partícipes – aumenta a responsabilidade e também o prazer de juntos atuarem para alcançar o objetivo. Em outras palavras, nessas circunstâncias, o comprometimento da equipe é a consequência natural.

Crie motivos e temas

Os grupos de diálogo precisam ter um tema que represente um problema ou um desafio da empresa. O objetivo é que, dialogando, o grupo elabore um projeto para a questão colocada em pauta pelos participantes.

Após escolhido o tema, as primeiras reuniões do grupo precisam iniciar o trabalho e, ao mesmo tempo, ter como foco a sensibilização, para que haja real conscientização de todos os participantes sobre a importância dos grupos de diálogo. Essa sensibilização será muito mais fácil de alcançar se todos os participantes entenderem o motivo ou o porquê da formação do grupo e da escolha do tema – e a escolha correta e bem pensada do tema justifica a formação do grupo.

A sensibilização do grupo é a parte mais importante do processo inicial. Se determinado profissional abraçar a causa de formar um grupo de diálogo sem a prévia preparação dos seus integrantes, a tendência será o fracasso da proposta.

Qualquer que seja o objetivo ou a ação, o profissional que abraçar a formação de grupos de diálogo sem se considerar líder deve adotar a postura de *coach*, que tem como característica, além de se preocupar com a melhora da autoestima do seu pessoal, não ditar regras ou normas, mas estimulá-los a tirar conclusões. Em vez de dar respostas, o *coach* especializa-se em fazer perguntas.

No processo para formação do grupo de diálogo há vários itens importantes a considerar, e o ponto inicial do processo é a escolha do tema. Felizmente, muitos são os motivos que podem determinar o tema do grupo de diálogo. Por outro lado, por serem muitos, haverá certa dificuldade para escolher somente um deles. A sugestão é: escolha o mais importante ou o mais urgente para o momento atual.

Por meio das diversas reuniões, quando o grupo de diálogo esgotar o tema escolhido, então outro tema poderá (deverá) ser adotado.

Podem-se criar grupos de diálogo para encontrar respostas para diversos problemas ou desafios. Para maior objetividade, procure sempre formular o tema por meio de perguntas bem específicas; por exemplo, em vez de: "Como conseguiremos vender mais?", escolha: "Como aumentar nossas vendas em 20% nos próximos dois meses?". Quando temos perguntas específicas, bem detalhadas, as respostas tendem a ser encontradas com mais facilidade. Perguntas genéricas têm respostas genéricas; perguntas objetivas, bem especificadas em seus propósitos, têm respostas objetivas e práticas.

Perguntas adequadas começam com as seguintes expressões: "Como conseguiremos...?", ou "Qual...?" ou ainda: "Quais...?".

Alguns exemplos:

- Quais as alternativas para a empresa conseguir passar por crises externas que influem negativamente na organização e na administração internas?
- Quais as oportunidades que as crises de mercado podem gerar para a empresa?
- Como conseguiremos integrar o setor produtivo com o setor comercial?
- Como conseguiremos aumentar o lucro da empresa em x% no período de x meses?
- Como conseguiremos melhorar o ambiente interno da empresa?
- Como conseguiremos melhorar em x% a produtividade do setor y?
- Como conseguiremos diminuir para x% o refugo do setor y da fábrica?
- Como conseguiremos exercer estilo de liderança altamente eficaz?
- Como conseguiremos fazer com que a visão sistêmica seja realidade?
- Como conseguiremos fazer com que o funcionário sinta prazer em trabalhar na empresa?
- Como conseguiremos fazer com que a comunicação interna da empresa seja altamente eficaz?
- Como conseguiremos fazer com que o conhecimento interno seja preservado quando da saída de pessoas-chaves que detêm esse conhecimento?
- Como conseguiremos melhorar o relacionamento entre líder e liderado?

- Como conseguiremos disseminar a visão, a missão e os valores da empresa em meu departamento?
- Qual deve ser o perfil de um líder altamente eficaz?
- Qual deve ser o perfil de um líder que utilize o diálogo como sua principal ferramenta?
- Quais devem ser os procedimentos de um líder para que consiga fazer com que sua equipe seja inovadora?

Enfim, existem temas para todos os gostos e todas as situações.

Acredito ter ficado claro que o profissional que quiser implantar o grupo de diálogo deve respeitar sua equipe utilizando argumentações não coercivas.

Geralmente é a área de Recursos Humanos ou a alta liderança da empresa ou dos setores envolvidos que determina o tema para o qual o grupo de diálogo irá procurar respostas. Como esses setores possuem uma visão macro, tendem a escolher temas pertinentes. Eventualmente, se a empresa optar que o próprio grupo de diálogo escolha o tema, poderá cair no erro de seus integrantes escolherem temas circunscritos à visão do grupo, e não relacionados a uma necessidade maior da empresa.

Obviamente, haverá situações circunstanciais em que será conveniente que os próprios integrantes do grupo de diálogo escolham o tema-desafio, mas geralmente essa opção será uma exceção.

Uma vez escolhido o tema, o próximo passo é estimular o pessoal a estudar os capítulos da Parte IV deste livro, "Aprendendo a praticar o diálogo". É fundamental que cada integrante dos grupos de diálogo procure vivenciar os procedimentos desses capítulos, porque irão propiciar a base para aplicarem os dez passos para estabelecer a cultura do diálogo.

Privilegie um único tema por grupo

Um questionamento comum é se cada grupo de diálogo deve adotar um único tema. A resposta é: preferencialmente, sim. O ideal é que somente depois da ocorrência de reuniões sucessivas, em que o tema do grupo seja esgotado, o projeto elaborado e – principalmente – colocado em ação, tome-se a iniciativa de adotar outro tema. No entanto, a necessidade e a urgência é que irão determinar se um mesmo grupo de diálogo terá como foco mais de um tema, pois nada impede que, de forma organizada e em horários diferentes, um mesmo grupo trabalhe mais de um tema. De qualquer forma, é importante que não passe de dois temas por grupo.

Mas, atenção: quanto maior o número de temas por grupo, menor será o valor agregado. Essa conclusão é reforçada por um estudo realizado pela Harvard Business School e pela Sloan Business School do MIT sobre como a diluição de esforços em vários projetos é um dos principais obstáculos à inovação. Segundo Clayton Christensen, professor de Tecnologia de Operações de Harvard, a taxa de valor agregado, que chega a 70% quando um engenheiro trabalha em dois projetos, cai para 40% quando os projetos são três e para apenas 15% se ele desenvolve sete projetos ao mesmo tempo. "O valor agregado diz respeito ao tempo empregado em trabalho efetivo ou em reuniões produtivas, que fazem um projeto avançar", diz Christensen. "O tempo que não agrega valor são as horas gastas com trabalho refeito, reuniões para atualizar as pessoas que perderam as reuniões anteriores e viagens para participar de reuniões", conclui o professor.

Formação dos grupos de diálogo

O instrumento básico para a efetivação dos grupos de diálogo é cada grupo focar a solução de um problema ou de um desafio pertinente à empresa, à organização ou à instituição. A forma de atingir o objetivo é procurar encontrar essa solução sempre por meio do diálogo, nunca pela discussão ou debate.

PASSO 1: Número de participantes

Os grupos de diálogo que obtêm resultados eficazes geralmente têm de quatro a seis participantes. Os grupos com grande número de pessoas comportam-se como protagonistas e espectadores: enquanto alguns poucos falam, a maioria ouve.

Se não quiser obter resultados num projeto, forme uma comissão de, por exemplo, vinte participantes! Portanto, se você tiver vinte pessoas para inserir em grupos de diálogo, jamais as inclua em um só grupo, crie vários grupos.

Ao iniciar o processo de formação de grupos de diálogo nas empresas ou instituições, só faz sentido um grupo maior na primeira reunião, com o objetivo explícito de dividi-lo, democraticamente, em grupos menores.

Síntese: Forme grupos de 4 a 6 participantes.

PASSO 2: Perfil dos integrantes do grupo

Imagine uma empresa que tem como desafio vivenciar a visão sistêmica e forma um grupo de seis pessoas, todas provenientes de um mesmo setor. Certamente, o grupo não conseguirá bons resultados; nesse caso, o correto é colocar pessoas de setores diferentes. Afinal, só é possível vivenciar a visão sistêmica se os setores envolvidos no problema forem incluídos no processo. Procedendo assim, os funcionários aprenderão a conversar entre si sobre suas principais dificuldades e passarão, naturalmente, a valorizar a aplicação e a vivência da visão sistêmica.

Outro exemplo: imagine uma empresa que tem como meta aumentar as vendas e forma um grupo só de vendedores. É verdade que haverá circunstâncias em que será adequado formar grupos com pessoas provenientes de um mesmo setor. Mas, como os setores de uma empresa são sempre interdependentes, é fato raro que isso aconteça. No livro *A sabedoria das multidões* há uma pesquisa comprovando que

> se você conseguir reunir um grupo heterogêneo de pessoas com diferentes graus de conhecimento e *insight*, você lucrará mais confiando a ele decisões importantes do que deixando-as nas mãos de uma ou duas pessoas, não importa quão inteligentes elas sejam.[2]

Considerando essa pesquisa, o ideal é que o grupo seja heterogêneo.

No exemplo estudado, é importante que haja integrantes de setores envolvidos com o processo, como o setor produtivo, de distribuição, financeiro e outros, além do setor de vendas. Um erro frequente é o setor de vendas fazer seu planejamento de forma solitária e depois, com o aumento das vendas, o setor produtivo não conseguir produzir na rapidez necessária e/ou o setor de distribuição não estar preparado para entregar os produtos em tempo hábil. Formar grupos heterogêneos e colocar as pessoas certas no grupo de diálogo evita esse tipo de problema.

Síntese: É fundamental a sinergia entre os integrantes e, preferencialmente, a formação de grupos heterogêneos.

Modelo estrutural dos grupos de diálogo

A estrutura funcional dos grupos de diálogo é composta de facilitador, coordenador e gestor. Veremos essas funções com detalhes, além de outros itens envolvidos no processo.

Como eles são interligados, a compreensão de cada um será maior após a leitura completa de todos os itens.

A ATA

A possibilidade de êxito de todo projeto aumenta quando há registro e acompanhamento das principais ocorrências. Daí a importância de atas. É fundamental que, ao final de cada reunião do grupo de diálogo, seja elaborada uma ata para registrar as ocorrências e determinações. Não cabe ao facilitador redigir a ata, mas a outro participante qualquer que se proponha a desempenhar essa função. Além de ajudar na eficácia do desenvolvimento do trabalho, a ata também facilitará o exercício da função do coordenador.

Atas distintas deverão ser elaboradas em três circunstâncias: nos encontros dos grupos de diálogo, nas reuniões entre coordenador e facilitadores e nas reuniões entres gestor e coordenadores.

O FACILITADOR

A função principal do facilitador é manter o diálogo entre o grupo, não permitindo que haja discussões e debates.

Cada grupo de diálogo deve escolher de forma democrática um facilitador, que deverá ser sempre a mesma pessoa em todas as reuniões.

Para ser mais produtivo no exercício de sua função, o facilitador precisa estar sempre atento ao conteúdo de dois capítulos deste livro:

- Metodologia para estabelecer a cultura do diálogo;
- Metodologia para estabelecer a cultura do consenso.

Com o domínio das metodologias, caberá ao facilitador - se houver ocorrência que justifique - apontar ao transgressor do grupo o item ao qual ele não está obedecendo, alertando-o para agir de forma adequada. Esse procedimento sempre deve ser feito de forma educada e gentil.

O COORDENADOR

A função principal do coordenador é incentivar os facilitadores, motivando-os na obtenção de bons resultados.

No comando motivador do processo deverá haver um coordenador, que se reunirá periodicamente com os facilitadores para ajudar na sustentação dos grupos de diálogo.

Para cada dois ou três gupos, a sugestão é que seja escolhido um coordenador. A escolha dos coordenadores deve ser feita pelo gestor ou pelos líderes da empresa, ou ainda pela área de Recursos Humanos.

Além de exercer a função motivadora, o coordenador deverá:

- Fazer parte de um dos grupos de diálogo;
- Reunir-se periodicamente com os facilitadores para ajudá-los com trocas de ideias sensatas, sem imposição. Nas reuniões entre facilitadores e coordenador, caberá a este último a elaboração da ata;
- Analisar periodicamente a qualidade das atas e dos projetos dos grupos dos quais faz parte e, se for preciso, fazer sugestões de melhoria;
- Nunca se posicionar como "chefe", mas como um dos colaboradores do processo.

O gestor

A função principal do gestor é eliminar os eventuais entraves burocráticos que eventualmente dificultam a ocorrência das reuniões.

No comando burocrático do processo total deverá haver um gestor, que se reunirá periodicamente com os coordenadores para ajudar na sustentação e no crescimento dos grupos de diálogo. O gestor ideal é aquele que faz parte do setor de Recursos Humanos ou da liderança da empresa, e deverá ser escolhido ou pelo RH ou pela liderança maior da empresa.

Caberá ainda ao gestor:

- Fazer parte de um dos grupos de diálogo;
- Reunir-se periodicamente com os coordenadores para ajudá-los com trocas de ideias sensatas, sem imposi-

ção. Nas reuniões entre coordenadores e gestor, caberá a este último a elaboração da ata;

- Perguntar periodicamente aos coordenadores sobre a qualidade das atas e dos projetos de cada grupo de diálogo;
- Nunca se posicionar como "chefe", mas como um dos incentivadores do processo.

Uma observação importante: o gestor pode, eventualmente, acumular a função de facilitador ou coordenador.

Posicionamento dos móveis/ausência de hierarquia

Para que o grupo seja produtivo e a criatividade e o diálogo aflorem com mais facilidade, todos os participantes devem se despir de seus papéis de chefes, líderes, gerentes, diretores, etc.

Cada integrante do grupo, independentemente de sua posição hierárquica fora do grupo, deve ver o outro – nas reuniões – como "colega", de mesmo nível e função. Cadeiras em círculo facilitam sobremaneira a ideia de igualdade entre os participantes, sem que haja fisicamente a indução de níveis hierárquicos. No entanto, se no local dos encontros isso não for possível, jamais o líder hierárquico deverá sentar-se ou posicionar-se em lugar de destaque. Estudos de psicologia comprovam que o posicionamento físico dos integrantes de uma reunião tem forte poder de influência no grupo. Por exemplo, se um dos integrantes posiciona sua cadeira fora do círculo, suas palavras passam a ter o peso das de um líder, mesmo que ele não o seja.

Fixação do termo – Formalize a denominação "grupo de diálogo"

A denominação "grupo de diálogo" deve estar na mente de cada um dos participantes. É preciso criar o hábito de mencionar esse nome. Por exemplo, ao enviar e-mail solicitando presença para um encontro entre os membros do grupo, escreva: "Caros amigos, tenho o prazer de informar-lhes que na terça-feira da próxima semana, às 16 horas, teremos mais uma reunião do nosso grupo de diálogo. Solicito o comparecimento de todos".

Qualquer que seja o foco ou o tema do grupo, o pano de fundo será sempre estabelecer ou firmar o diálogo na cultura da empresa. Por esse motivo, o participante precisa conscientizar-se de que o encontro não é uma reunião comum, mas, sim, um grupo de D-I-Á-L-O-G-O! No entanto, nada impede que, durante a reunião, alguém comente: "Vamos agora discutir este assunto". O vocábulo "discutir" está incorporado na cultura de nosso país. Mas, intimamente, cada participante precisa incorporar a atitude de dialogar; mesmo que use o verbo "discutir" no ato da fala, jamais pratique a discussão no grupo.

Assim, para que a cultura do diálogo se instaure com mais facilidade na empresa, a expressão "grupos de diálogo" precisa ser mencionada com relativa frequência, evitando a utilização das denominações "grupos de discussão" ou "grupos de debate".

Periodicidade das reuniões

Há circunstâncias muito especiais, em situação de urgência urgentíssima, em que se forma rapidamente um grupo de diálogo para que naquela reunião seja elaborado um projeto ou se chegue à resposta de um problema. Essa opção não pode ser descartada, pois no mundo corporativo atual, onde o pensamento linear ainda – infelizmente – vigora, situações de emergência aparecem com frequência.

À medida que a empresa incorpora a visão sistêmica, descobre que mais importante do que dar passos rápidos é dar passos certos, o que significa dialogar com calma e com planejamento adequado. E isso só é possível se o grupo de diálogo fizer várias reuniões. Geralmente os passos rápidos terão como consequência o "retrabalho", o "fazer de novo".

O foco deste livro são as reuniões organizadas, planejadas em coerência com a visão sistêmica. Cada grupo de diálogo deve planejar sua periodicidade, encerramento e a formação de novos grupos, assuntos dos itens a seguir.

Periodicidade e duração das reuniões

Cada grupo de diálogo precisa ter autonomia para decidir a duração das reuniões e a periodicidade, isto é, se será semanal, quinzenal, etc. O que determina a periodicidade é o nível de urgência do problema ou do desafio que será o foco do grupo.

Encerramento das reuniões periódicas

Depois de determinado número de reuniões, nas quais o grupo encontrou a solução para o tema-desafio, elaborou um projeto e colocou em ação a solução encontrada, o grupo de diálogo pode dar sua missão por encerrada. Mas pode ainda sentir a necessidade de continuar se reunindo, por exemplo, com a proposta de acompanhar a execução de seu planejamento.

Formação de novo grupo com novo tema

Quando, depois de várias reuniões, o grupo encontrar resposta ao problema ou ao desafio colocando essa proposta em prática através de projetos simples e exequíveis, encerra-se um ciclo. No entanto, deve-se incentivar a continuidade dos grupos de diálogo. Será preciso escolher novos temas-desafios, sempre com o propósito de disseminar a cultura do diálogo e achar soluções importantes para a organização.

Na escolha de novos temas, deve-se questionar se a formação do grupo pode continuar com os mesmos participantes. É preciso ter como base a sinergia entre os integrantes do grupo na solução do novo problema ou desafio.

B. Metodologia para estabelecer a cultura do diálogo – Parte introdutória

Morte de empresa, uma fatalidade?

Henry Ford disse certa vez que se atendesse ao desejo dos sitiantes, fabricando o que eles achavam que precisavam para se locomover, teria construído a melhor das charretes, mas não um automóvel. Na mesma linha de pensamento, se uma empresa tiver como foco principal atender à expectativa do cliente, jamais será uma empresa que superará essa mesma expectativa. A empresa que se mantém mais tempo viva tem como princípio maior a sua contínua superação, que valoriza a aprendizagem constante – ou "a empresa que aprende".

Essa expressão, "empresa que aprende", surgiu no livro *A quinta disciplina*, que consagrou o autor e consultor norte-americano Peter Senge no mundo empresarial e passou a ser referência. Desde a sua primeira edição situa-se, para o mundo corporativo, entre os vinte melhores livros de todos os tempos. Nesta obra, Senge refere-se à morte das empresas, e menciona que um terço das quinhentas melhores empresas do mundo relacionadas pela revista *Fortune* em 1970 não existe mais. Podemos então pensar: será que, assim como nós, humanos, toda empresa um dia morrerá? Difícil responder a essa pergunta. Mas, certamente, a morte da empresa não é uma fatalidade. Nenhuma empresa nasce fadada a desaparecer; a morte somente ocorrerá se se abandonar a condição de "sempre aprendiz".

De acordo com Peter Senge,

> A forma como as empresas são projetadas e gerenciadas, a maneira como os cargos são definidos e, o mais importante, o modo como todos fomos ensinados a pensar e interagir (não só nas organizações, mas em uma perspectiva mais ampla), tudo isso cria deficiências cruciais de aprendizagem.[1]

Para que a empresa se coloque como aprendiz, é preciso estimular na liderança o desenvolvimento de duas qualidades essenciais, assuntos do tópico a seguir.

Duas qualidades essenciais ao líder e ao profissional eficazes

As duas qualidades são resultantes de extensa pesquisa da Universidade de Stanford, nos Estados Unidos, feita em 2004 junto às quinhentas maiores empresas que, nos últimos dez anos, se destacaram em três quesitos: rentabilidade, clima organizacional e produtividade. Mesmo que o participante dos grupos de diálogo não exerça função de liderança na empresa, as duas qualidades apontadas são imprescindíveis. Vamos à pesquisa:

Dentre os diversos objetivos da pesquisa, dois nos interessam:

- Quais as qualidades dos dez primeiros líderes dessas quinhentas empresas?
- Das qualidades da primeira pergunta, quais eram comuns a todos os dez líderes?

A resposta à primeira questão foi uma infinidade de qualidades. A soma de qualidades dos bons líderes ultrapassa uma centena! O que comprova o que todos nós já sabemos: os bons líderes têm muitas qualidades diferentes. Essa informação nos traz alívio, pois – como alguém já comentou – para sermos um ótimo líder não precisamos ser iguais a Bill Gates ou Jack Welch. No entanto, a resposta à segunda questão nos passa importante direcionamento e sustentação para nos tornarmos ótimos líderes.

A pesquisa mostrou que são apenas duas as qualidades comuns aos dez primeiros líderes, informação que abre uma enorme possibilidade de crescimento na liderança. Se nos esforçarmos para vivenciar ambas as qualidades, estaremos – nesse quesito – atuando como os melhores líderes.

PRIMEIRA QUALIDADE: Determinação

A pessoa determinada é a última a desistir. Ela sabe que os empecilhos e dificuldades são inerentes a quem procura crescer. Se quisermos alcançar o patamar de bons gerentes ou bons líderes, precisamos ser determinados, pois os desafios de aprendizagem e comando serão cada vez maiores. Jack Welch, em entrevista para a revista *Veja*,[2] em 2001, já dizia: "Quer mudar alguma coisa? Coloque no comando uma pessoa com suas paixões e seus interesses familiares e pessoais, e não um currículo brilhante".

SEGUNDA QUALIDADE: Humildade

Humildade é a segunda palavra-chave. Nessa nova concepção, nossos liderados não são mais nossos subalternos, são nossos colaboradores. Se formos pessoas humildes, descobriremos que a força maior está na equipe. Nessa nova realidade não haverá mais caminhos para quem se coloca como o "sabe-tudo", que é um dos subprodutos do orgulho.

Felizmente, o mundo corporativo tem agora uma perspectiva mais consciente e produtiva, em todos os sentidos. Inclusive e principalmente no campo da satisfação pessoal, pois quem exerce a humildade, mais do que fazer bem para o outro, faz bem para si mesmo.

Um grande desafio da atualidade é que precisamos ter consciência de que gerenciar tem a ver com ciência e liderar tem a ver com arte. A ciência trabalha com o cérebro, a arte trabalha com a alma. Temos de aprender a trabalhar com o cérebro e com a alma. Isso implica voltarmos a ser aprendizes, pois trabalhar com a alma é um processo sem fim. Como consequência dessa nova visão, daqui em diante duas palavras darão a sustentação aos nossos passos de líder ou de gerente, uma mais relacionada com o cérebro, a determinação; outra relacionada com a alma, a humildade.

Independentemente da função que exercemos no ambiente corporativo, vejamo-nos sempre como "líderes" que precisam ter como companheiras inseparáveis a determinação e a humildade. Mas quais são as formas de agir das pessoas determinadas e humildes? Bem, determinação tem a ver com persistência, e humildade tem a ver com simplicidade.

Lembremo-nos sempre que se quisermos ser profissionais de sucesso, além de sermos persistentes, precisamos ser pessoas simples. E, como disse o educador Hammed, "é preciso coragem para ser simples".

Ao aplicar as metodologias e princípios deste livro, o leitor terá a oportunidade de conseguir mudanças interiores efetivas, que o direcionarão a conseguir uma das maiores conquistas de quem almeja uma vida produtiva em todos os campos, a humildade. Sendo humilde, o profissional passará a agir com simplicidade.

A humildade é um instrumento imprescindível para aquele que se compromete com a excelência pessoal e sua contribuição no grupo, pois quem a cultiva desenvolve a importante postura de aprendiz. E o aprendiz valoriza o exercício do diálogo, pois sabe que dialogar é, acima de tudo, respeitar e valorizar o outro. Por esse motivo, exercitar o diálogo é sinônimo de vivenciar a humildade.

Coloque seu ego a favor da empresa

Parte expressiva das empresas, por não vivenciarem a visão sistêmica e a comunicação interna eficaz, tem profissionais que agem mais como adversários do que como colegas de trabalho. O resultado é que seus colaboradores investem mais na cultura de procurar culpados do que na sinergia fundamental gerada por um ambiente saudável em que o bom relacionamento e a confiança mútua são a tônica. Com essa forma inadequada de atuar, a produtividade e a lucratividade empresarial ficam bem abaixo da real possibilidade. A existência de adversários nas empresas é originada pelo fato de os profissionais ignorarem que estão aceitando ser comandados pelo ego.

É importante que saibamos que o ego tanto pode ser elemento impulsionador das nossas virtudes quanto das nossas características negativas. O que determina uma ou outra ação é a nossa opção de o comandarmos ou de sermos comandados por ele. O ego é aliado e amigo quando temos controle sobre ele, fortalece nossa autoestima e motiva-nos a - positivamente - gostar de nós mesmos sem desrespeitar o outro. No entanto, se ele nos comanda - o que, devido ao nosso orgulho, é a sua mais forte tendência -, agimos com prepotência. Então, o ego passa a ser nosso maior inimigo. O contrassenso é que a pessoa comandada pelo ego se sente poderosa, cheia de si. Aliás, li certa vez que a principal característica de uma pessoa "cheia de si" é o fato de ela ser "vazia".

É preciso que nos esforcemos para fazer uma sondagem realista e íntima em direção ao autoconhecimento, pois há grande possibilidade de, em vez de comandarmos o ego, ele estar no comando. Com essa descoberta, abriremos imensa porta para começar a inverter o jogo, ou seja, passar a comandar o ego em vez de por ele ser comandados.

Incluo o tema "ego" neste livro até com certa veemência, porque - de forma muito prejudicial - em reuniões empresariais é mais comum do que podemos imaginar ocorrer "reuniões de egos", em vez de "reuniões de pessoas". Quando o ego nos comanda, insistimos em fazer com que o outro adote a "nossa" verdade; argumentamos com a finalidade de "derrotar" o outro; agimos com arrogância; somos rígidos em nossas atitudes. Muitas vezes dissimulamos nossa forma de agir sendo simpáticos, sorridentes, mas - na ação efetiva - o ego está no comando! Queremos sair vencedores em vez de fazer com que o grupo seja vencedor. Se é assim, qual então o antídoto para que fiquemos no comando do nosso ego? Estaremos no comando do ego se expusermos nossa verdade de forma não impositiva; se procurarmos somar nossas ideias às do outro; se formos verdadeiramente empáticos e simpáticos; se agirmos com flexibilidade; se aceitarmos o outro como ele é (aceitar não significa, necessariamente, concordar com suas ideias).

O retrato fiel do cultivador do ego por excelência é o líder personalista, aquele que ainda julga que o bom líder é o que vai à frente. Entretanto, cada vez mais o mundo corporativo precisa do líder que vai atrás, daquele que principalmente apoia e estimula sua equipe, agindo com espírito servidor. No contraponto, a humildade excessiva não é bem-vinda, pois o bom líder, sem deixar de ser humanitário, necessita agir com pulso firme quando necessário. Lembremo-nos de que pulso firme não significa ser mal-educado, mas utilizar palavras firmes e determinantes nos momentos em que é imprescindível agir assim.

Para evitarmos o personalismo em nossas ações, relembremos que todas as vezes que falamos ou agimos mostrando que somos superiores ao outro, o ego está no comando. E todas as vezes em que adotamos profundo respeito ao próximo – não importando quem ele seja –, estamos no comando do ego. Em síntese, respeitar o próximo é uma das soluções para dominarmos o ego.

Transcrevo a seguir algumas atitudes que podemos e devemos adotar com base no texto de Mark Gerzon.[3] Elas farão com que o respeito ao próximo e a afetividade estejam presentes em nossas conversas – e, em consequência, estaremos no domínio do ego.

Em nossas conversas em grupo devemos:

- Pressupor que muitas pessoas tenham partes da resposta, em vez de pensarmos que exista só uma resposta certa, e que ela é justamente a nossa;
- Conscientizar-nos de que o importante é chegar ao consenso, em vez de lutar para que nossa sugestão seja a vencedora. Uma ideia vencedora sem consenso não consegue comprometimento do pessoal envolvido. É importante que saibamos que é sempre mais produtiva uma ideia mediana que tenha o comprometimento da equipe do que uma ideia maravilhosa sem o imprescindível comprometimento;
- Ouvir para entender, encontrar um significado e chegar a um acordo, em vez de ouvir para achar falhas e contra-argumentar;
- Revelar nossas pressuposições para reavaliação, em vez de defender nossas próprias suposições como verdades;
- Ver todos os lados de um problema, em vez de apenas um ou dois lados;
- Admitir que os pensamentos dos outros possam melhorar o nosso, em vez de defender nosso próprio ponto de vista contra os dos outros.

Uma nova ética

Implantar e vivenciar a cultura do diálogo implica uma tomada de decisão marcante e duradoura em nossa vida. Para facilitar essa mudança, este capítulo tem como foco a necessária sensibilização, o pilar que sustenta a compreensão. Só compreenderemos profundamente uma questão qualquer se houver nela elementos que nos sensibilizem. Daí o foco na ética, para que sejamos sensibilizados a adotar uma nova postura na convivência, com o objetivo de que o diálogo verdadeiro realmente faça parte de nossa vida.

Dalai Lama diz:

> Quanto mais buscamos o progresso material, ignorando a satisfação que provém de um crescimento interior, mais rapidamente os valores éticos desaparecem de nossas comunidades. Então, no longo prazo, nós todos seremos infelizes, pois, quando não há lugar para a justiça e a honestidade no coração do homem, os fracos são os primeiros a sofrer. E os ressentimentos gerados por semelhante injustiça acabam gerando um efeito adverso a todos.[4]

A crise econômica mundial de 2008, fruto da exacerbada ganância do mundo econômico-financeiro, que só por ser "ganância" já seria um mal, e sendo também "exacerbada" passa a ser duplo mal, levou-nos a fazer ponderações sobre o que de fato é a economia real e a economia financeira. De maneira sintetizada, a economia real representa a compra e venda com o intuito de satisfazer a necessidade humana, colocando de lado o ganho financeiro exploratório. Já a economia financeira corresponde às operações ou aos investimentos em papéis para aumentar os ganhos. As duas economias, por si, não são ruins. No entanto, quando a ganância toma conta, a economia financeira desregula a real. O que fazer para evitar esse mal? Exterminar a movimentação da economia financeira? Não, mesmo porque isso é impossível. Creio que a palavra mais adequada seja "moralizar". A razão de viver do homem deve ter por base essa palavra. Os profissionais que encontram uma justa razão de viver, sustentada na boa moral e na boa ética, tendem a ser pessoas conscientes da importância de manter o equilíbrio sensato entre a economia financeira e a economia real, fazendo com que uma sustente a outra.

Mas a questão da moral e da ética pode nos levar a uma encruzilhada, pois a moral dos homens não é fixa, ela muda com o tempo e o lugar. Melhor esclarecendo, ela muda em relação ao "lugar"; por exemplo, uma atitude considerada imoral em determinado país pode não o ser em outro. E a ética também muda em relação ao "tempo": o que hoje vemos como algo absolutamente normal, por exemplo, um beijo de namorados em um jardim público, era considerado imoral há pouco mais de trinta anos.

E para tornar o fato ainda mais complexo, quando tratamos de ética também podemos convergir para dois princípios distintos. Há a ética da responsabilidade, em que, para manter viva sua empresa, o empresário demite funcionários em momentos de crise. E existe também a ética do princípio, em que, na mesma circunstância, o empresário se desdobra procurando alternativas para não demitir. Sob influência da ética do princípio, o empresário considera que seus funcionários são seres humanos que contribuíram com a organização e têm suas respectivas famílias para sustentar, e a demissão seria uma grande injustiça.

A questão é: Como poderemos agir de forma ética num mundo de contradições?. Encontrar resposta para essa pergunta é o objetivo desta seção.

Uma crise anunciada

No livro *O mundo na corda bamba,* William Greider já previa um futuro incerto para a economia, como o que levou à crise de 2008:

> Apesar da flexibilidade e da força, as multinacionais são, isoladamente, inseguras. Até mesmo os mais robustos gigantes industriais são muito vulneráveis e fracassam em se adaptar aos imperativos da redução de custos e da melhora das taxas de retorno. Por trás das fachadas das multinacionais existe uma genuína angústia. O capital financeiro tem princípios transparentes e puros: aumentar ao máximo o retorno do capital sem se importar com a identidade nacional ou com as consequências políticas e sociais.[5]

Essa análise deixa evidente que há tempos a economia financeira vinha se sobrepondo à economia real. O fato é que o capital financeiro não via limites éticos para sua expansão, e, por sua vez, as empresas não tinham estrutura para suportar momentos de crise, como aparentavam ter.

Uma análise racional e corajosa da realidade descrita por Greider dez anos antes da crise de 2008, seguida de ações efetivas, poderia, ao longo do tempo, evitar a crise. Mas certamente, para as grandes corporações, essa visão era utópica, pois como alterar uma situação que aos olhos do mercado era sinônimo de sucesso? E deu no que deu: a continuidade de um sistema caótico, não centrado no homem, resultou na crise de 2008, cujos estragos foram considerados por alguns especialistas bem maiores do que os da crise de 1929.

Respostas simples

O livro *Mereça ser feliz* nos ensina:

> Ter respostas simples para coisas complicadas é a grande virtude do homem inteligente na Terra, porque somente vibrando no espírito da simplicidade é que somos capazes de tornar o saber uma alavanca propulsora, nos rumos da felicidade e da libertação entre os homens.[6]

Portanto, procuremos respostas simples para este grande desafio usando a inteligência presente em cada um de nós.

Uma importante observação: não necessariamente as respostas simples são as mais fáceis de aplicar, mas quase sempre são as melhores. Por exemplo, é verdadeiro e simples afirmar que basta a humanidade respeitar o próximo para que as guerras tenham fim. A regra é simples, mas transformá-la em prática é algo muito complexo.

Eventualmente, se ainda não sabemos como utilizar nossa inteligência para formular respostas simples para desafios complexos, tenhamos a sensatez de pesquisar e selecionar respostas inteligentes e simples que teoricamente já existem. E comecemos a colocá-las em prática. Sem estabelecer que a sugestão a seguir seja a definitiva, pois muitas serão as respostas corretas, atentemos à questão da "ética empresarial", um ponto nevrálgico no mundo atual.

A questão da ética é um dos pilares mais frágeis da atualidade. E nesse campo, mesmo que tenhamos boas intenções, cometemos equívocos com base na errônea, mas clássica afirmativa sobre ética que diz: "Minha liberdade termina onde começa a do outro". Esse conceito tão difundido em todo o mundo é excludente e injusto, formando castas, grupos individualistas que não têm vontade de socializar e compartilhar.

Uma simples mudança de paradigma tenderá a criar um ambiente favorável para o surgimento de um novo e melhor mundo. O professor de filosofia da Associação Palas Athena, José Romão Trigo de Aguiar, tem procurado difundir um novo conceito a esse respeito. Ele sabiamente substitui a tão comentada diretriz "Minha liberdade termina onde começa a do outro" pela iluminada assertiva "Minha liberdade começa onde começa a do outro, e termina onde termina a do outro". E acrescenta: "Só seremos livres juntos. Se existe uma mulher de outro país sendo ameaçada, isso interessa a você também, porque a liberdade dela interfere na de todas as mulheres". Traduzindo para o campo empresarial, se os proventos do meu trabalho permitem que eu coloque o meu filho numa boa escola, passo a ser responsável pelo fato de meu funcionário não conseguir colocar o seu filho também numa boa escola. A empresa não precisa propiciar essa condição. Mas enquanto cidadão-empresário, cidadão-executivo, eu passo a ser responsável por me omitir em influenciar o governo para que invista adequadamente num ensino público de qualidade, que seja justo e adequado para todos; passo também a ser responsável por omitir-me aceitando pacificamente que a arrecadação dos impostos seja desproporcionalmente distribuída.

Há muito por construir. Mas a maior das construções começa de um simples e fundamental alicerce: a adoção de uma nova ética, sustentada não na igualdade, que é uma quimera, pois diferenças de classes e cargos são naturais, mas na equidade, que é o respeito a cada um, independentemente de sua classe social e do cargo que ocupe. Em síntese, pensemos no bem comum. Apliquemos a única ética que baliza com eficácia nossas atitudes, apliquemos a ética do amor, que tem como seu mais eficaz instrumento o diálogo. Nunca a discussão.

Sejamos realistas: o mercado empresarial, comercial e industrial ainda é carente de alma. Qualquer que seja o empresário, mesmo o justo, tem e precisa ter como bússola a real e terrível oscilação desse cruel mercado.

Ampliemos o nosso mundo particular tendo a coragem de incluir nele os outros, quaisquer que sejam. Agindo assim, estaremos sensatamente dando os primeiros passos para aprender a vivenciar a ética dos novos tempos, a ética do amor. Estejamos conscientes de que essa ética tem como principal fruto uma das mais importantes qualidades do mundo corporativo, organizacional e institucional: o diálogo verdadeiro, que inspira a relação de confiança entre pares, líderes e liderados. Trabalhemos a ética do amor e vivenciaremos um mundo onde a confiança mútua será a majestade.

C. Metodologia para estabelecer a cultura do diálogo – Parte prática

Se quiseres convencer, fala de interesses, em vez de apelares à razão.
BENJAMIM FRANKLIN

Procure vivenciar o entusiasmo

Como participante do grupo de diálogo, adote a postura de sentir entusiasmo pelo desenvolvimento e pelas boas ideias dos demais integrantes. Sabemos que pouco vale de uma hora para outra dizermos: "A partir de segunda-feira, sentirei entusiasmo pelo desenvolvimento e pelas boas ideias das pessoas", pois vivenciar um novo sentimento não é algo que conquistamos num estalar de dedos. Para atingirmos esse sagrado momento há uma importante dica: mesmo que esse sentimento ainda não faça parte de nossa personalidade, tenhamos "atitudes" entusiasmadas, conscientes de que essa ação é diferente de realmente sermos pessoas entusiasmadas. O ideal é que esse sentimento seja natural em nós, mas ter uma postura entusiasmada já é um bom começo. A psicologia explica que a repetição de atitudes forma novos hábitos, e, conscientes de que nossa personalidade é definida como um conjunto de hábitos, com o passar do tempo conquistaremos naturalmente o direito de ser realmente entusiasmados. Quando esse momento chegar, sentiremos verdadeiro entusiasmo pelo desenvolvimento e pelas boas ideias das pessoas. Por ora, comecemos o processo tendo "atitudes" entusiasmadas.

Os procedimentos a seguir têm como base de sustentação o tripé:

- *Empatia:* habilidade de nos colocarmos no lugar do próximo;
- *Alteridade:* habilidade de convivermos bem com as diferenças dos outros;
- *Assertividade:* habilidade de sermos transparentes e gentis no relacionamento com o próximo.

Aprenda a trabalhar a resistência a novas ideias

Uma das mais importantes leis da comunicação interpessoal, a lei de Russel, diz que "a resistência a uma nova ideia aumenta na proporção do quadrado de sua importância". A conscientização dessa realidade evita muitos dissabores, pois, em vez de criticarmos os outros por serem resistentes, compreenderemos que essa é uma característica própria da natureza humana.

A resistência às novas ideias diminui consideravelmente quando a pessoa não as recebe prontas, mas participa da sua elaboração. Em artigo da *Harvard Business Review*, Steven Prokesch relata que

> Programas de desenvolvimento da gerência que buscam ensinar e inspirar as pessoas a aplicar novas abordagens possuem uma falha fundamental: se não tiverem participado do curso, os outros integrantes da equipe podem resistir à tentativa de mudança. O antídoto para esse problema é trei-

> nar a equipe gestora inteira. Quando passam juntos pelo programa, os gerentes saem dali com uma visão consensual sobre os problemas e oportunidades – e sobre como lidar com ambos. O resultado? Mudança mais rápida e eficaz.[1]

Adaptando essa realidade ao nosso propósito, se determinado setor precisa abraçar um projeto, é necessário que todos os profissionais daquele setor participem de sua elaboração. Caso isso não ocorra, o grupo que ajudou na elaboração trabalhará a favor do projeto, e a outra parte tenderá a trabalhar sem entusiasmo nem comprometimento, pois não tem envolvimento emocional/participativo e, com isso, a reação mais natural é resistir.

Felizmente, há alternativa para que se chegue a uma solução possível numa reunião em que ideias e sugestões diferentes e divergentes sejam a tônica. Essa alternativa é sustentada em dois pilares. O primeiro é a metodologia da cultura do diálogo, e o segundo, a metodologia do consenso. A prática dessas duas metodologias comprovou ser altamente eficaz. Além de se chegar ao resultado que se espera, "milagrosamente" não há desgaste emocional, pois – graças à metodologia aplicada – o grupo tende a comportar-se de forma amistosa e produtiva.

Esta seção é fundamental para incentivar a participação eficaz dos integrantes dos grupos de diálogo. Em todas as reuniões, é necessário que os participantes tenham acesso a este conteúdo, pois é a vigência desses procedimentos que irá nortear o trabalho do grupo. Apresentaremos as regras para a implantação da cultura do diálogo na convivência. Para que isso ocorra, os integrantes dos grupos de diálogo necessitam adotar firmemente os dez procedimentos descritos aqui.

1. Vivencie a visão sistêmica

Se tivéssemos que relacionar os maiores obstáculos ao sucesso e ao desenvolvimento das empresas, das organizações e das instituições, certamente figuraria em lugar de destaque a ausência de visão sistêmica. Muitas pessoas não têm consciência do mal que fazem quando se fecham em seus setores, sem comunicar e interagir de forma eficaz com as demais áreas da organização em que trabalham.

É fundamental que enxerguemos cada setor de uma organização como se fosse um dos órgãos do corpo humano, o qual - para funcionar bem - precisa "conversar" eficazmente com todos os demais órgãos.

Síntese: Vivencie a visão sistêmica no dia a dia do trabalho, em vez de adotar a estreita visão de enxergar apenas o "seu" setor ou o "seu" departamento.

2. Utilize a afetividade

A consequência da cultura do diálogo é o exercício da afetividade, que pode ser definida como a soma das três imprescindíveis habilidades do bom relacionamento interpessoal: empatia, alteridade e assertividade. Paulo Gaudêncio reforça esse tese ao dizer: "O cimento das instituições é a afetividade entre os funcionários. É isso que faz a empresa crescer". Não há como vivenciarmos o verdadeiro diálogo sem afetividade, que não tem necessariamente a ver com amizade nem com amor. A pessoa que age de forma afetiva é sobretudo um indivíduo que respeita o próximo, mesmo quando este não faz parte de seu grupo de amigos ou de seu relacionamento amoroso. Entretanto, a afetividade é o primeiro degrau para um dia aprendermos a amar verdadeiramente.

Quando num grupo a afetividade está presente, a "reunião de egos" se sobrepõe à "reunião de pessoas".

Síntese: Utilize a afetividade no relacionamento, em vez de manter um relacionamento frio, sem calor humano.

3. Suspenda o julgamento

O livro *Diálogo: redescobrindo o poder transformador da conversa* é um dos mais completos sobre o assunto. Para explicar com mais propriedade, transcrevo a seguir trecho do livro, em que suas autoras sugerem a forma de agir do integrante de um grupo de diálogo quando ele tem, na empresa, uma posição de liderança sobre os demais participantes:

> Há momentos, no diálogo, em que você poderá desejar exercer sua autoridade para fazer com que as coisas andem ou para redirecionar a conversação, mas a interferência pode não encorajar a abertura ou a colaboração. Poderá ser necessário suspender seu desejo de falar e fornecer a brecha para que outros se apresentem e assumam a liderança compartilhada. Se estiver constantemente interrompendo a conversação com julgamentos e decisões, seu comportamento estará transmitindo "continua tudo como antes", mesmo que suas palavras sejam "encorajar participação".[2]

Entenda "suspender o julgamento" no sentido literal da expressão, ou seja, é para suspendê-lo mesmo. Como se o colocássemos num varal, suspenso por prendedores de roupas. Agindo assim, o fator emocional não influirá negativamente.

O julgamento, no momento em que surge, tende a trazer um forte componente emocional. Nessas circunstâncias, em vez de comunicar-se com o grupo, o interlocutor tende a desabafar. Deixando o julgamento suspenso, dali a pouco a razão prevalece sobre o emocional. Desse modo, um comentário que poderia ser improdutivo, pois estava carregado de emoção, poderá ser transmitido ao grupo de maneira produtiva.

Não há problema em julgar e apontar as falhas do outro. O problema está em saber "como" apontar essas falhas sem ferir ou humilhar. Uma forma que traz resultados efetivos é colocarmo-nos no lugar do outro, imaginando como gostaríamos de ser tratados naquela situação ou circunstância. No trabalho em equipe conseguiremos melhores resultados se enxergarmos e valorizarmos os acertos do outro, em vez de sermos "especialistas em apontar falhas".

Mais importante do que apontar falhas é criar condições para que a pessoa responsável pelos erros perceba por si mesma essa situação. Se criarmos o hábito de ser "apontadores de falhas", o outro tenderá a se acomodar e se acostumará a ser "orientado", quando deveria ter uma atitude proativa.

Síntese: Sob o calor da emoção, suspenda o julgamento, em vez de fazer comentários improdutivos. E, sob controle emocional, aponte as falhas do outro, se necessário, mas com educação e bom senso.

4. Busque o consenso

O consenso não pode ser perseguido no início de uma reunião. A ausência do consenso - de forma educada - é muito bem-vinda no início do trabalho em conjunto. No entanto, após cada participante ser estimulado a dar suas ideias, valorizando a diversidade de opiniões, é preciso que o grupo chegue a um consenso em relação à solução a ser adotada. Adotar uma ideia ou solução sem consenso terá como consequência a falta de comprometimento dos participantes. Outro ponto fundamental é que o consenso represente a criação de uma nova ideia pelo grupo. Não tenha como meta que o consenso a ser perseguido seja definido pela sua sugestão.

Eventualmente, a ideia consensual pode não ser a melhor de todas, mas é importante saber que uma ideia mediana que tenha o comprometimento da equipe é sempre mais produtiva do que uma ideia maravilhosa sem o imprescindível envolvimento do grupo. Abraçando hoje essa ideia mediana, com todos comprometidos, no futuro, a melhor ideia tende a ser abraçada por todos, consensualmente.

Para conseguir resultados efetivos, é necessário que o interlocutor exponha suas ideias para análise, solicitando que os demais também deem ideias, deixando claro que o objetivo é somar os pensamentos de todos para solucionar a questão proposta. Em outras palavras, o objetivo é atingir o consenso.

Síntese: Após estimular a ausência do consenso para que ideias diferentes aflorem, em vez de querer que sua sugestão seja a vencedora, é preciso buscar o consenso no surgimento e na criação de uma nova ideia que represente o pensamento do grupo.

5. Saiba ouvir

É importante ouvir e compreender o significado do que o outro está dizendo, e desse significado construir uma ponte de entendimento mútuo. Devemos evitar ouvir com a exclusiva finalidade – ou quase – de achar falhas para contra-argumentar e mostrar a “nossa superioridade”.

Para não confundir suposições com fatos concretos, é fundamental que o ato de ouvir esteja atrelado ao bom senso.

O problema é: qual é o ser humano que julga não ter bom senso? Na verdade, todos acreditam que o bom senso os acompanha. Então, como sair dessa armadilha? Como realmente agir com bom senso? A resposta é a mesma para essas duas perguntas: coloquemo-nos no lugar do outro e iremos ouvi-lo como gostaríamos de ser ouvidos.

Síntese: Tenha atitudes de bom ouvinte, em vez de interromper o outro e de não o incentivar a falar.

6. Foque firmemente a solução

Nosso foco precisa ser atacar os problemas e não as pessoas. A postura mais adequada para resolver problemas é aquela em que substituímos o "por que essa pessoa errou?" por "como agir para acertar daqui para a frente?".

Síntese: Foque a solução, em vez de procurar culpados.

7. Tenha espírito conciliador

Como o consenso é o instrumento mais eficaz para gerar o comprometimento de uma equipe, é importante que prevaleça o espírito conciliador de seus participantes. Sempre vale a pena repetir e reforçar que o desenvolvimento de uma ideia mediana gera melhor resultado com toda a equipe comprometida do que uma ideia genial com uma equipe dividida.

Síntese: Quando houver interesses conflitantes, pense em algumas soluções possíveis que conciliem as divergências, em vez de focar uma única opinião que eventualmente possa ampliar o problema.

8. Seja transparente sem ofender

As máscaras precisam ser evitadas. No entanto, em circunstâncias específicas a máscara é bem-vinda, por exemplo, quando a utilizarmos como filtro da comunicação. Se um vendedor, ao visitar um cliente mal-humorado, o trata de forma antipática, provavelmente não irá vender seu produto. Nesse caso, mesmo sem vontade de ser simpático, o correto seria o vendedor utilizar um sorriso que funcionaria como o necessário filtro da comunicação.

A pessoa que utiliza máscaras constantemente sentirá grande dificuldade para conhecer sua própria essência, porque, de tanto utilizar máscaras, tende a alimentar uma personalidade irreal e, o que é pior, acreditar que é verdadeira. Nesses casos em que a máscara é utilizada com frequência, ela se torna tão cristalizada que, para aquele que a utiliza, parece a sua própria essência. Essa falta de contato com a própria realidade - com o "si mesmo" - prejudica o crescimento interior.

Síntese: Seja transparente em sua postura sem ofender o outro, em vez de rotineiramente usar uma máscara que impede o necessário elo de confiança entre o grupo e você. No entanto, tenha consciência de que, às vezes, a máscara é necessária, quando utilizada como filtro da comunicação.

9. Utilize reforço positivo

Evite elogiar o outro apenas quando ele tiver uma atitude ou uma ideia extraordinária. Quando - sem exagero - elogiamos fatos comuns, o peso e o valor são maiores do que elogios esporádicos a feitos grandiosos.

O fato de ser importante elogiar não invalida a crítica consistente, pois essa, manifestada de forma educada, é necessária e bem-vinda. Mas lembre-se: "Quem tem o direito de criticar, tem o dever de elogiar".

Síntese: Em vez de se calar frente a uma fala ou atitude adequada do outro, elogie o que merece ser elogiado. Valorize o elogio relativo a pequenos acertos.

10. Respeite sempre o outro

Se determinada pessoa se posiciona de forma inadequada, nosso foco não pode ser a pessoa, nem mesmo o seu posicionamento. Nesses casos, é preciso:

- *Separar as pessoas do problema*: Por exemplo, se alguém do grupo se descontrolar, em vez de dizer: "Você é uma pessoa muito descontrolada", digamos: "Não podemos perder o foco. Vamos encontrar uma forma conciliatória de nos entender e conversar".
- *Concentre-se nos interesses, não nas posições*: Por exemplo, se alguém do grupo não concorda com o propósito do encontro, em vez de criticarmos seu posicionamento, é mais saudável relembrarmos ao grupo qual é a finalidade do encontro, mostrando e demonstrando de forma inequívoca os seus benefícios. Esse procedimento geralmente faz o grupo compreender a importância do evento e voltar aos objetivos maiores da reunião.

Síntese: Adote como regra de conduta prioritária o respeito incondicional ao próximo.

D. Metodologia para estabelecer a cultura do consenso – Parte prática

Desenvolva o real espírito de equipe

Comecemos pela definição de consenso, criada pelo executivo Sérgio Ricardo Bezerra. Pela sua completude, essa definição é uma das melhores, se não a melhor, das que conheci:

> Consenso, um conceito nem sempre fácil de adotar, mas que muitas vezes nos permite "gastar" um pouco mais de tempo na fase do diálogo, para podermos "economizar" uma quantidade enorme de energia no momento da aplicação da ideia.

O consenso é a melhor forma de conseguir o verdadeiro comprometimento do pessoal envolvido em determinado projeto. Sem consenso, a equipe trabalhará dividida. Atingir o consenso - por meio do diálogo - significa criar algo novo, fruto das diferentes sugestões e ideias. Para um grupo de pessoas agir de forma consensual, apresento uma metodologia composta de quatro fases, juntamente com sua síntese.

Observações preliminares sobre a cultura do consenso:

- As regras dessa metodologia para chegar ao consenso precisam ser aplicadas em reuniões periódicas, seguindo uma sequência de quatro fases, explicitadas mais à frente;
- Há temas que, pela sua complexidade, exigem número expressivo de reuniões. E não é incomum o fato de, para uma só das quatro fases do consenso, mais de uma reunião ser necessária;
- Há temas simples ou de dificuldade mediana, para os quais, em uma mesma reunião, as quatro fases do consenso são aplicadas;
- Em todas as quatro fases da metodologia do consenso, o facilitador do grupo de diálogo deve ter em mãos as sínteses da metodologia para chegar ao consenso e também da metodologia da cultura do diálogo. Esta última traz regras para que, se necessário, o grupo seja educadamente advertido sobre a necessidade de vivenciar e aplicar os seus dez itens.

Primeira fase – Padrão objetivo

Como passo inicial, após a formação do grupo de diálogo, é fundamental que se estabeleçam regras ou limites de ação aos participantes, procedimento denominado padrão objetivo, expressão originariamente citada no livro *Como chegar ao sim.*[1]

Essas regras ou limites preestabelecidos pelos integrantes do grupo funcionam como um "guarda-chuva protetor" do exercício do diálogo. O propósito do padrão objetivo é fazer com que o grupo chegue ao sucesso com mais facilidade.

Se necessário, pode-se estabelecer mais de um padrão objetivo. Antes de começarem a sugerir regras ou limites, é preciso que um dos participantes se ofereça para anotar as sugestões que surgirem. Exemplos de padrões objetivos:

- "Em nosso grupo exerceremos sempre a educação."
- "Em nosso grupo teremos sempre a visão sistêmica."
- "Nas reuniões dos grupos de diálogo, cada participante deverá falar apenas o necessário e o suficiente para que todos possam ter tempo hábil para se manifestar."

Pode-se adotar também – se for o caso – um padrão objetivo com teor técnico e/ou financeiro, por exemplo: "No projeto que iremos elaborar, as sugestões a serem apresentadas precisam levar em consideração que o limite do investimento para a nova sala de esportes da empresa é de 30 mil reais".

A grande vantagem de estabelecer um padrão objetivo em comum acordo é que quando algum participante se comportar de forma inadequada, como, por exemplo, agir ou falar de maneira grosseira, qualquer colega do grupo pode respeitosamente alertá-lo, dizendo: "Lembremo-nos sempre do nosso 'guarda-chuva protetor': nós nos comprometemos a exercer a boa educação entre nós!".

Importante: Durante o transcorrer das diversas reuniões dos grupos de diálogo, podem ser acrescentadas outras regras ao padrão objetivo inicial, provenientes de dificuldades que surgiram no grupo. Por exemplo: imaginemos que no transcorrer das reuniões fica evidente que um dos integrantes fala de forma excessiva, toma para si toda a atenção, não dá oportunidade para os outros falarem. Caberá ao facilitador dialogar com a equipe para criar, por exemplo, a seguinte regra: "Todo integrante precisa ser conciso e objetivo em sua comunicação". Com essa nova regra em vigor, caberá ao facilitador aplicá-la quando necessário. O modo de aplicá-la tem grande peso no resultado. E a melhor forma é advertir o "infrator" com simpatia e educação. Nunca advertir com evidente rancor e nervosismo.

Síntese: O objetivo dessa primeira fase é definir o padrão objetivo, isto é, as regras ou limites que funcionarão como "guarda-chuva protetor" do exercício do diálogo nas três fases seguintes. O grupo pode adotar mais de um padrão objetivo, o que é bastante conveniente.

Segunda fase – Ausência de consenso

Nesta fase, cabe a cada um dos participantes do grupo incentivar a ausência de consenso no campo das ideias e sugestões. Um grande erro para conseguir resultados efetivos seria procurar a concordância do grupo como o processo inicial. Como observou Peter Drucker,

> boas decisões são consequências de choques de visões conflitantes, de diálogo entre pontos de vista divergentes e escolha entre opiniões diferentes. Uma decisão não deve ser tomada sem que haja uma voz discordante.[2]

Nos primeiros encontros, os participantes devem incentivar a ausência de consenso no campo das ideias e sugestões. Quando o dramaturgo e escritor Nelson Rodrigues pronunciou a célebre frase: "A unanimidade é burra", demonstrou mais uma vez sua genial lucidez. Do mesmo modo, os grupos de diálogo devem estimular os participantes a terem ideias diferentes e até mesmo paradoxais.

No instigante e excelente livro *O código da inteligência*,[3] o escritor e psicanalista Augusto Cury reforça a necessidade do debate de ideias na convivência em grupo e sugere a adoção das seguintes atitudes:

- Aprender a expor e não impor suas ideias;
- Jamais considerar seus paradigmas, conceitos, opiniões e ideias como verdades absolutas;
- Dar aos outros o direito de confrontarem suas ideias;
- Não ter a necessidade de estar sempre certo;
- Trabalhar em equipe estimulando todos os participantes a expressarem suas ideias.

Nos itens para decifrar o debate de ideias, fica claro que o autor usa o termo "debate" como uma escolha semântica que, na realidade, traduz o exercício do "diálogo", porque são regras próprias de quem dialoga. Nessa observação, não há nenhuma crítica ao escritor Augusto Cury, pois, conforme já comentado, em nossa cultura a palavra "debate" ainda é utilizada como sinônimo de "diálogo". As palavras escolhidas por mim e por ele podem ser diferentes, mas o foco é o mesmo, e é isso o que importa.

Para que diferentes sugestões e ideias aflorem com facilidade, não se pode estabelecer censura de qualquer espécie. Ao contrário, deve-se sugerir que o absurdo se faça presente, pois assim teremos campo fértil para o surgimento de ideias criativas que, se absurdas de fato, serão posteriormente descartadas (veja o item "Presença da dúvida").

É muito importante todo o grupo se conscientizar, de fato, de que nessa fase o propósito não é chegar ao consenso. O objetivo puro e simples é a exposição de ideias livremente e sem julgamento prévio. Se qualquer participante quiser contestar as ideias apresentadas por algum colega, deve-se impedir esse procedimento. Esse é o momento de "ouvir" o outro. É o momento de coleta de informações, as mais variadas possíveis.

E se houver um elemento desagregador? Quando houver no grupo uma pessoa de difícil relacionamento e que se julga "dona da verdade", é conveniente deixá-la falar, estimulando-a a expor seus conceitos, sem censura. Nessa fase, o grupo irá simplesmente ouvi-la, sem a obrigação de concordar ou discordar de seus conceitos. Esse proceder é extremamente terapêutico, pois quando a pessoa problemática expõe suas ideias sem que os outros procurem freá-la, libera os conflitos que a atormentam e deixa de fomentar e realimentar o seu vulcão interno, facilitando o objetivo final, que é chegar ao consenso.

Atenção: mesmo sabendo da importância de incentivar a fala livre e espontânea do elemento desagregador, cabe ao facilitador do grupo solicitar a essa pessoa - caso seja necessário - que sua exposição seja feita com respeito ao grupo, objetividade e concisão.

Síntese: Esta é a fase da coleta de ideias. Para abrir o leque de boas ideias, os participantes precisam dar sugestões de forma livre, sem crítica de outrem e sem exclusão de nenhuma ideia, por mais absurda que seja ou pareça. É extremamente saudável que haja várias ideias divergentes sobre como alcançar a solução de um determinado problema, pois são essas ideias que irão fazer aflorar um projeto novo, criativo e diferente do que até então se faz ou se fazia.

Terceira fase – Presença da dúvida

Nesta fase, cabe a cada um dos participantes do grupo incentivar o florescimento de dúvidas em relação à coerência e à validade das diferentes ideias apresentadas. Como diz o rabino Nilton Bonder: "A única forma que se tem de chegar à certeza é pela dúvida".

No livro *12 Semanas para mudar uma vida,*[4] Augusto Cury também afirma que a arte da dúvida é o princípio da sabedoria na filosofia. O autor faz os seguintes comentários sobre a importância da dúvida:

- Ela nos humaniza, pois nos retira do trono das verdades absolutas;
- Rompe paradigmas;
- Abre o leque da inteligência;
- Constrói outras possibilidades.

Conforme visto na segunda fase, nos primeiros encontros os participantes devem incentivar o surgimento de ideias diversas sem analisar a qualidade de cada uma delas. Já na terceira fase, é preciso trilhar o caminho da dúvida, é preciso estimular o grupo a duvidar das ideias apresentadas.

Ao adotar a postura da dúvida, haverá uma seleção natural. No entanto, isso não significa ainda que as boas ideias serão aproveitadas em sua totalidade ou da forma como estão. Para se chegar às ideias que prevalecerão na quantidade e na forma adequadas, será preciso utilizar o "instrumento" consenso, que é a próxima e última fase. Importante: em princípio, deve-se exercitar a dúvida somente na terceira fase, mas às vezes, sem ser regra geral, ela também se faz necessária na quarta fase.

Síntese: Para que sejam selecionadas as melhores ideias, é preciso que nesta fase o grupo duvide de cada ideia apresentada. Atenção: é preciso duvidar das ideias exercitando o diálogo (nunca a discussão ou o debate).

A dúvida precisa ser em relação à qualidade e à oportunidade de cada uma das sugestões apresentadas na segunda fase. Esse é o momento em que as sugestões apresentadas precisam ser agrupadas em três classes:

- Sugestões a serem descartadas;
- Sugestões a serem analisadas para decidir se serão descartadas;
- Sugestões já aprovadas.

Quarta e última fase – Presença de consenso

Nesta última fase cabe ao grupo buscar um consenso com foco na escolha da(s) ideias(s) e na forma de ação a ser desenvolvida pelo grupo.

Se por um lado, conforme já foi dito, a unanimidade no campo das ideias não é bem-vinda, por outro, é fundamental o consenso em relação a "o que fazer" e "como fazer" para resolver determinado problema ou desafio. Depois da diversidade de ideias, é preciso que – de forma consensual – todos colaborem efetivamente na criação de uma nova ideia. Para esse fim, todos os participantes dos grupos de diálogo devem se conscientizar de que jamais alcançarão o consenso realizando discussões e debates. Daí a importância dos dez procedimentos da metodologia para estabelecer a cultura do diálogo (descritos anteriormente), que, se seguidos corretamente, levam ao necessário e imprescindível diálogo, único elemento gerador de consenso.

Reforçando: o consenso será fruto da aplicação dos dez procedimentos da metodologia para estabelecer a cultura do diálogo. Nessa prática em grupo, é preciso que cada participante se sinta parte integrante na criação da solução. No exercício do diálogo, jamais um participante deve procurar impor a sua ideia, mesmo que a considere a melhor de todas. Afinal, de que vale uma boa ideia sem o comprometimento da equipe?

Uma indagação pode surgir: Mas se há uma ideia genial, ela não deveria ser imposta? A imposição não gera comprometimento. E sem comprometimento o resultado não será o esperado. Felizmente, a experiência também tem demonstrado que na aplicação da ideia consensual, o grupo de diálogo tende a abraçar futuramente a ideia genial anteriormente rejeitada.

Uma sugestão: A ansiedade de aplicar a melhor ideia (mas rejeitada pelo grupo) deve ser substituída pelo esforço comum para aplicar a ideia consensual. Assim, os resultados serão surpreendentes.

Síntese: Se, por um lado, a unanimidade no campo das ideias não é bem-vinda, por outro, é fundamental o consenso em relação a "o que fazer" e "como fazer" para resolver determinado problema ou desafio. Em outras palavras, depois da apresentação das diversas ideias, é preciso que se colabore efetivamente para escolher uma ou mais delas, ou ainda para criar uma nova ideia de forma consensual.

Esse é o momento em que serão reavaliadas as sugestões que, na terceira fase, foram agrupadas em três classes:

- Sugestões a serem descartadas;
- Sugestões a serem analisadas para decidir se serão descartadas;
- Sugestões já aprovadas.

Mesmo as sugestões consideradas descartadas necessitam ser reavaliadas.

EPILOGO

Um mundo melhor

Ao encerrar este livro, lembro-me de Stephen Covey, autor de *Os 7 hábitos das pessoas altamente eficazes,*[1] que faz questão de reforçar, em suas palestras, que não há como trabalhar o ser humano sem enxergá-lo como espírito. Esse seu modo de ver tem o poder de criar um novo campo à possibilidade do crescimento pessoal. Quando entramos na seara da espiritualidade, amplia-se exponencialmente nosso horizonte.

Trabalhar o diálogo é focar o desenvolvimento espiritual em seu mais alto grau, haja vista que a pessoa que dialoga é a aquela que conquistou o domínio de si mesma e conseguiu incluir o próximo em sua vida.

Uma das consequências de incluirmos o próximo em nossa vida é o fato de passarmos a ser educadores de nós mesmos e de quem conosco convive. Mas o que é um educador? A resposta popular é que educador é o ser que tem por função educar as pessoas. Este é o grande erro conceitual, já bem esclarecido pela moderna pedagogia. O educador, que merece essa denominação, sabe que educar não é sua função. Ele tem consciência de que não é ele que educa. Sabe que cabe a si a importante função de criar um ambiente favorável para a própria pessoa se autoeducar. Por exemplo, um professor não educa seus alunos. Sua única função possível é estimulá-los a se autoeducar. Para melhor entendermos a função de um educador, pense num hábil jardineiro. Ele aduba o jardim, planeja os canteiros, revolve a terra e, por fim, planta as sementes no solo. Se o adubo é bom, se o planejamento foi bem feito e se a terra foi bem preparada, surgirá um belo canteiro, onde lindas e cheirosas flores irão encantar o ambiente. O educador é o jardineiro. O educando é a semente. E o diálogo é a fundamental irrigação, que irá oportunizar a semente a bem cumprir com sua função.

Notas

Introdução

1. "O homem é mamífero. Mas não é leão". *Nova Escola,* nº 27. São Paulo: Abril, 1998.

PARTE 1

Capítulo 1

1. Gerzon, Mark. *Liderando pelo conflito*. Rio de Janeiro: Campus, 2006.

Capítulo 2

1. Ellinor, Linda; Gerard, Glenna. *Diálogo: redescobrindo o poder transformador da conversa*. São Paulo: Futura, 1998.

Capítulo 3

1. Senge, Peter M. *A quinta disciplina*. Rio de Janeiro: Best Seller, 2009.

2. Ellinor, Linda; Gerard, Glenna. *Diálogo: redescobrindo o poder transformador da conversa*. São Paulo: Futura, 1998.
3. Bohm, David. *Diálogo: comunicação e redes de convivência*. São Paulo: Palas Athena, 2005.
4. Malseed, Mark; Vise, David A. *Google: a história do negócio de mídia de maior sucesso dos nossos tempos*. Rio de Janeiro: Rocco, 2007.

Capítulo 4

1. "Deixe seus liderados incomodados". In: Tanure, Betânia. *HSM Management*, maio-junho de 2006.

Capítulo 5

1. Oliveira, Alkíndar de. *Liderança saudável: a arte de desenvolver visão de futuro interpretando o presente*. São Paulo: Academia de Inteligência, 2007.

Capítulo 6

1. Hock, Dee. *Nascimento da era caórdica*. São Paulo: Cultrix, 1999.

PARTE 2

Capítulo 8

1. Senge, Peter M. *A quinta disciplina*. Rio de Janeiro: Best Seller, 2009.
2. Lama, Dalai. *Transformando a mente*. São Paulo: Martins, 2000.

3. Ellinor, Linda; Gerard, Glenna. *Diálogo: redescobrindo o poder transformador da conversa*. São Paulo: Futura, 1998.
4. Franklin, Benjamim. *Autobiografia*. São Paulo: Martin Claret, 2005.
5. Gerzon, Mark. *Liderando pelo conflito*. Rio de Janeiro: Campus, 2006.
6. *Revista Época Negócios*. Globo, dezembro de 2008.
7. Gerzon, Mark. *Liderando pelo conflito*. Rio de Janeiro: Campus, 2006.

PARTE 3

Capítulo 9

1. Cury, Augusto. *A sabedoria nossa de cada dia*. Rio de Janeiro: Sextante, 2007.
2. Zohar, Danah; Marshall, Ian. *Capital espiritual*. Rio de Janeiro: Best Seller, 2006.

Capítulo 10

1. Zohar, Danah; Marshall, Ian. *Capital espiritual*. Rio de Janeiro: Best Seller, 2006.
2. Bohm, David. *Diálogo: comunicação e redes de convivência*. São Paulo: Palas Athena, 2005.

Capítulo 11

1. Senge, Peter M. *A quinta disciplina*. Rio de Janeiro: Best Seller, 2009.
2. Gehringher, Max. *O melhor de Max Gehringer na CBN*. Vol. 1. São Paulo: Globo, 2006.

Capítulo 12

1. Collins, Jim. *Empresas feitas para vencer*. Rio de Janeiro: Campus, 2001.

PARTE 4

Capítulo 13

1. Marcum, David; Steven, Smith. *O fator ego*. Rio de Janeiro: Sextante, 2009.
2. Oliveira, Wanderlei Soares de; Dufaux, Ermance. *Mereça ser feliz*. Belo Horizonte: Dufaux, 2002.

Capítulo 14

1. Chopra, Deepak. *Vida incondicional*. Rio de Janeiro: Best Seller, 1992

Capítulo 15

1. Gehringer, Max. *Comédia corporativa: uma visão crítica e divertida do mundo empresarial*. Rio de Janeiro: Campus, 2000.

Capítulo 16

1. Senge, Peter M. *A quinta disciplina*. Rio de Janeiro: Best Seller, 2009.
2. Oliveira, Wanderlei Soares; Dufaux, Ermance. *Mereça ser feliz*. Belo Horizonte: Dufaux, 2002.

Capítulo 17

1. Bohm, David. *Diálogo: comunicação e redes de convivência.* São Paulo: Palas Athena, 2005.
2. Ellinor, Linda; Gerard, Glenna. *Diálogo: redescobrindo o poder transformador da conversa.* São Paulo: Futura, 1998.
3. Idem.

Capítulo 18

1. Ribeiro, Julio. *Fazer acontecer.* São Paulo: Saraiva, 2009.

PARTE 5

Capítulo 19

1. Martins, Vera. *Seja assertivo!.* Rio de Janeiro: Alegro, 2004.

GUIA DE APLICAÇÃO

A

1. Steven Prokesch. *Harvard Business Review*, janeiro de 2009.
2. Surowiecki, James. *A sabedoria das multidões.* Rio de Janeiro: Record, 2004.

B

1. Senge, Peter M. *A quinta disciplina.* Rio de Janeiro: Best Seller, 2009.
2. *Revista Veja.* São Paulo, setembro de 2001.

3. Gerzon, Mark. *Liderando pelo conflito*. Rio de Janeiro: Campus, 2006.
4. Goleman, Daniel; Lama, Dalai. *Como lidar com as emoções destrutivas*. Rio de Janeiro: Campus, 2003.
5. Greider, William. *O mundo na corda bamba*. São Paulo: Geração Editorial, 1997.
6. Oliveira, Wanderlei Soares de; Dufaux, Ermance. *Mereça ser feliz*. Belo Horizonte: Dufaux, 2002.

C

1. Steven Prokesch. *Harvard Business Review*, janeiro de 2009.
2. Ellinor, Linda; Gerard, Glenna. *Diálogo: redescobrindo o poder transformador da conversa*. São Paulo: Futura, 1998.

D

1. Fisher, Roger; Ury, William; Patton, Bruce. *Como chegar ao sim*. Rio de Janeiro: Imago, 2005.
2. Marcum, David; Smith, Steven. *O fator ego*. Rio de Janeiro: Sextante, 2009.
3. Cury, Augusto. *O código da inteligência*. Rio de Janeiro: Thomas Nelson, 2008.
4. Cury, Augusto. *12 semanas para mudar uma vida*. São Paulo: Academia de Inteligência, 2007.

Epílogo

1. Covey, Stephen. *Os 7 hábitos das pessoas altamente eficazes*. Rio de Janeiro: Best Seller, 2009.

Este livro foi composto em ITC Legacy Serif
para a Editora Academia de Inteligência
em abril de 2011